ALGER
ET LE SAHEL

DIJON, IMPRIMERIE DARANTIERE
65, RUE CHABOT-CHARNY, 65

ALGER
ET LE SAHEL

PAR

HENRI DROUET

PARIS

LIBRAIRIE HACHETTE ET Cie

79, BOULEVARD SAINT-GERMAIN, 79

—

1887

PRÉFACE

Le voyage d'Algérie devient de jour en jour plus facile; prochainement il sera tout à fait à la mode. Avec les paquebots rapides qui, en vingt-huit heures, franchissent la distance de Marseille à Alger, quel est donc le Français valide qui hésitera à entreprendre une aussi courte traversée pour voir notre belle et riche colonie? Avant peu, il n'y aura plus que les perclus qui stationneront forcément à Cannes ou à Hyères. Pendant l'année qui vient de s'écouler, en mai 1886, le paquebot *La Bourgogne*, de la Compagnie générale transatlantique, a effectué ce trajet en vingt-six heures dans son voyage d'essai; il est hors de doute que l'on obtiendra la même rapidité avec des bateaux qui font aisément vingt-quatre kilomètres par heure. En s'embarquant à Marseille à cinq heures du soir par exemple, on peut débarquer sur le quai d'Alger le lendemain soir à sept heures, en sorte qu'après une nuit et une journée de navigation, le touriste est transporté sur un autre continent, en présence d'une nature nouvelle, au milieu d'une civilisation et de mœurs absolument différentes des nôtres. Au lieu du feuillage des saules, des peupliers, des ormes, c'est le large panache des palmiers qui se balance sur votre tête ; au lieu des jaquettes étriquées des Européens, vous coudoyez les Arabes et les Kabyles fièrement drapés dans les plis de leur burnous. A l'heure où nous écrivons ces lignes, une voie ferrée, qui parcourt les plus belles régions du Tell, relie sans interruption Oran à Tunis. Au printemps de la même année, les membres du club Alpin ont donné un bon exemple en traversant la Méditerranée au nombre de cent cinquante, et en pénétrant avec leurs collègues algériens jusqu'à Gardaïa, chef-lieu du Mzab, en plein Sahara.

Pour nous, qui avions établi notre quartier-général à Alger, sans autre ambition que celle de rayonner modestement sur les collines du Sahel et dans les plaines de la Métidja, nous aimons cette terre algérienne, où nous avons séjourné pendant plusieurs mois, pour son ciel lumineux et riant, son climat salubre, ses paysages grandioses, et pour la noble attitude de ses races énergiques. Nous n'avons pas échappé à la fascination irrésistible qu'elle exerce sur les Européens qui, après avoir subi le charme de cette sirène, n'ont pas de plus grand désir que de la revoir. L'intérêt d'ailleurs est toujours nouveau dans un pays où les forces productives suivent une marche constamment ascendante, et où les progrès de la colonisation sont aussi rapides qu'incessants. Au milieu des transformations qu'il subit, les premières observations que l'on a recueillies ne sont plus exactes au bout de peu d'années, et la statistique, dans toutes ses branches, a subi des remaniements importants. La nature seule n'a pas changé ; elle rayonne toujours du même éclat, et voilà pourquoi l'artiste, le poète, le naturaliste, tous ceux enfin qui savent goûter ses charmes, ne quittent guère l'Algérie sans esprit de retour.

Avril 1887

I

LES RUES

Alger, lorsqu'on y débarque en plein jour, offre un aspect curieux et agréable. On sait que ses maisons blanches s'élèvent en amphithéâtre et forment un triangle qu'on aperçoit de loin en mer. Les quais sont spacieux et tous les édifices situés au bas de la ville ou bordant les boulevards ont un extérieur monumental qui prévient favorablement l'étranger. Mais cette première impression nous fut refusée. Il était onze heures du soir quand nous mîmes le pied sur le sol africain; le brouillard en outre était tellement épais qu'à peine apercevait-on les phares, et que du canot qui nous menait à terre on ne distinguait rien à dix pas. Quoi qu'il en fût, un portefaix arabe enleva prestement nos bagages, et bien qu'il eût tous nos colis accrochés après lui, il se mit à escalader les rampes avec agilité et nous conduisit à notre hôtel presque en courant.

Il y a, dans Alger même, trois hôtels de premier ordre : l'hôtel de la Régence, célèbre par les grands palmiers qui en ombragent la façade ; l'hôtel de l'Oasis, qui a pour lui sa belle vue sur la mer ; l'hôtel d'Europe, qui réunit les deux avantages ; c'est ce dernier que nous avions choisi. Nous y sommes resté pendant plusieurs mois et nous n'eûmes pas à le regretter. Très heureusement situé à l'un des angles du boulevard, au bord de la mer et près d'un square qui lui sert pour ainsi dire de jardin, il a vue sur la totalité de la baie d'Alger, depuis la presqu'île du Phare jusqu'à la pointe du cap Matifou ; c'est-à-dire qu'on y embrasse d'un coup d'œil toute la ville européenne et tous les massifs de verdure qui s'échelonnent en amphithéâtre dans un arc de cercle dont la courbe allongée mesure vingt kilomètres. Car c'est presque un petit golfe que la baie d'Alger. De ce point central, pour ainsi dire choisi à souhait, tout est fait pour charmer le regard : le mouvement du port militaire et du port marchand se passe sous vos fenêtres ; il ne peut entrer ou sortir une barque sans que vous n'en suiviez les évolutions ; la moindre voile qui apparaît à l'horizon attire aussitôt votre attention ; enfin les paquebots et les navires de guerre signalent leur présence par les mugissements de leur vapeur ou par les détonations de leur artillerie. A toute heure du jour, vous avez sous les yeux Mustapha et ses opulentes villas, le palais d'été du gouverneur, le jardin d'essai du Hamma, Hussein-Dey, l'embouchure de l'Harrach, Maison-Carrée, le fort de l'Eau et la corne du cap Matifou. Ces lieux charmants, qui se déroulent à perte de vue au bord des eaux bleues de la Méditerranée, forment un diorama merveilleux. Le matin, dès l'aube, nous avions assisté à un brillant lever de soleil. La rade, éclairée par les premières lueurs de l'aurore, présentait un spectacle splendide. Les navires, les phares, les jetées de la presqu'île, ainsi que les caps plus éloignés se distinguaient vaguement dans la vapeur. Mais, peu à peu, les rayons du soleil, en perçant ce léger obstacle, inondèrent tous les objets de tons chauds et dorés en variant leur aspect par des jeux de lumière. Alors nous oubliâmes les désagréments de la brume qui nous avait accueilli à notre arrivée, pour ne plus songer qu'à jouir de la beauté du ciel, dont la sérénité lumineuse ne varia pas pendant notre séjour.

Ainsi qu'il est du devoir d'un bon touriste, nos premières journées furent consacrées à la topographie. Nous commençâmes donc par arpenter les rues dans tous les sens et nous eûmes d'abord quelque peine à nous débrouiller dans un labyrinthe qui, au premier aspect, semble inextricable. Comme on ne l'ignore pas, Alger se compose de deux quartiers distincts : la ville européenne et la ville arabe.

Les quartiers européens, qui occupent la partie basse, au bord de la mer, comprennent les quais, les boulevards du littoral, les rues de Constantine, Bab-Azoun, Bab-el-Oued, qui se suivent en enfilade, la rue de Chartres, celle de la Lyre et la montée Rovigo. A partir de la rue Randon, où l'on ne voit que des burnous, commence la ville arabe avec ses rues ascendantes, ses escaliers, son dédale de ruelles, son lacis d'impasses, qui se continuent toujours grimpant jusqu'à la Kasba et jusqu'aux esplanades qui bordent les murs d'enceinte.

Dans la ville européenne, où les constructions sont élégantes et où de longues files d'arcades protègent le passant contre le soleil et la pluie, l'artère la plus vivante est celle qui aboutit à Mustapha et à Saint-Eugène, en traversant la place du Gouvernement. L'animation y est tellement grande, qu'au premier abord elle ne semble pas en rapport avec la population. Alger, en y réunissant les deux communes adjacentes de Mustapha et de Saint-Eugène, compte 100,000 habitants; mais si l'on en juge par la circulation concentrée dans les grandes artères, par le nombre des véhicules, des piétons, des cavaliers, on pourrait aisément se croire dans une capitale de 200,000 âmes. L'abondance des tramways, des omnibus, des voitures de place, des corricolos, est surtout extraordinaire. De grands omnibus complètement ouverts comme des chars-à-bancs, et des corricolos fermés pour les femmes indigènes, font sans interruption la navette de Saint-Eugène à Mustapha, et c'est ainsi que l'on effectue pour une modique rétribution (de 15 à 30 centimes) un trajet de neuf ou dix kilomètres. Les moyens de locomotion étant nombreux et à bas prix, on en use immodérément. Si l'on joint à ces véhicules à marche rapide, dont les attelages sont stimulés bruyamment par les automédons, les cavaliers qui se faufilent comme ils peuvent, les piétons qui prudemment s'abritent en longues files sous les arcades, on aura une idée du mouvement qui anime les rues du quartier européen.

Ce qui frappe à première vue, au milieu de cette agitation, ce sont deux industries en plein air, modestes comme installation, mais qui semblent tenir une certaine place dans la vie algérienne. Sous chaque arcade de cette longue enfilade de rues, vous apercevez l'éventaire d'un fleuriste d'un côté, et de l'autre un grand fauteuil garni de velours rouge. Ici les fleurs sont très recherchées : elles font presque partie de la toilette. Toutes les femmes portent un bouquet à la main ou au corsage ; tous les hommes ornent leur boutonnière d'une rose ; et, en vérité, on augure bien d'une population qui ne dédaigne pas ce simple élément de parure. Nous n'avons pas besoin d'ajouter que le climat d'Alger se prête merveilleusement à la floriculture, et ce n'est pas sans plaisir que l'on parcourt des rues émaillées comme un parterre, embaumées comme une serre et gaiement ensoleillées.

Dès le début du printemps on les recherche ; avec le mois de mai, cette passion ne fait qu'augmenter ; en juin, c'est du délire. Les fleurs jouent donc ici un grand rôle. Pendant l'été, c'est le jasmin à grandes fleurs blanches qui domine et comme on le vend partout sous toutes les formes, en bouquets, en guirlandes, en chapelets, en colliers, le parfum pénétrant de cette fleur emplit l'atmosphère comme à Smyrne celui des roses. Dans toutes les rues européennes et arabes, sur les places, à l'angle des carrefours, sous chaque arcade, dans les plus humbles échoppes, le jasmin est là qui embaume. Il n'y a pas une femme, riche ou pauvre, qui n'en ait chez elle ; elles en portent des guirlandes autour du cou, en guise de colliers, ou sur la tête comme des couronnes. Les femmes mauresques recherchent beaucoup cette odeur forte, expansive et lorsqu'elles se visitent entre elles, il est du meilleur ton d'arriver avec un long chapelet de jasmin à la main, et de le laisser en partant.

Mais l'autre industrie, celle du fauteuil en velours d'Utrecht ?... Celle-ci est un peu plus prosaïque, c'est celle des cireurs de bottes. On doit être excessivement propre dans la capitale de l'Algérie, car à peine êtes-vous assis, dans un square ou devant un café, qu'aussitôt deux ou trois cireurs se précipitent sur vous, se prosternent à plat ventre, et en un clin d'œil vos chaussures, seraient-elles luisantes comme une glace, sont brossées à tour de bras et cirées à outrance. Tel est le genre d'industrie exercé sur ces fauteuils pompeux, d'un luxe assez comique en raison de leur usage, et qui doivent rappeler les chaises curules de la meilleure époque : on y trouve même un journal. Indépendamment de ces cireurs patentés, une nuée de brosseurs grouille dans les rues et cherche à remplir, quand même, son office ; très susceptibles à l'endroit de la netteté des passants, ils ne peuvent pas tolérer un atome sur leurs bottines ou leurs vêtements. Hâtons-nous de dire, pour leur justification, qu'il y a beaucoup de poussière à Alger, et qu'il est difficile de revenir d'une course à pied ou en voiture sans être complètement saupoudré.

Dans ces quartiers, les cafés européens sont nombreux, bien aérés, bien éclairés, vastes, mais on ne peut pas dire qu'ils sont luxueux. Pendant notre séjour, la vogue était à la taverne Gruber sur le boulevard, au café d'Apollon sur la place du Gouvernement, au café-concert de la Perle ; et comme Alger est une ville où les mœurs et les usages jouissent de cette liberté d'allures qui appartient aux colonies, nous avons remarqué que le beau sexe y est admis et qu'il a partout ses libres entrées, à la grande joie de la jeunesse dorée et des désœuvrés.

La rue de Chartres est une artère commerçante, parallèle à celle de Bab-Azoun, où circule constamment une foule déjà moins élégante que celle du boulevard, surtout aux abords de la place où se tient le marché. C'est d'ailleurs un spectacle intéressant que celui de ce marché en plein vent, ouvert, pour ainsi dire, en tout temps et à toute heure. Autour de la place, qui forme un quadrilatère, il y a des boutiques de comestibles de toutes sortes, avec un trottoir protégé par des arcades. Au milieu, stationnent les vendeurs de légumes, de fruits, de fleurs. Ce n'est pas un tableau vulgaire que celui de cette cohue bigarrée, où les maures, les kabyles, les nègres, les biskris, les mzabites, en burnous et haïks de plusieurs couleurs circulent, s'agitent autour des étalages et font leurs emplettes après avoir marchandé longtemps. Il y avait là, dès la fin de mars, des fraises, des petits pois, des artichauts, des fèves : c'était le mois de juin en France. Par dessus tout, on vendait des dattes, des oranges, des citrons, des bananes, des figues de Barbarie (le fruit du *cactus opuntia*), des nèfles du Japon, des grenades, le tout entremêlé de bouquets très odorants de roses-thé, d'œillets, de pensées et de violettes.

Il y a, en outre, deux autres marchés qui ne peuvent manquer d'attirer l'attention d'un nouvel arrivant, et qu'un étranger aurait tort de négliger. L'un est situé sur la place de la Lyre ; il est couvert, très vaste, très élevé, bien aéré, consacré aux légumes, aux fruits et aux comestibles moins recherchés que ceux qui se vendent sur la place de Chartres. L'autre est le marché au poisson, autrement dit *la pê-*

cherie. C'est là que les pêcheurs de la baie centralisent le produit de leurs pêches, poissons, crustacés, coquillages. Environ deux cents espèces de poissons passent annuellement sous les yeux des acheteurs : chaque année, cette industrie occupe plus de mille marins et de deux cents bateaux. Enfin, il s'y débite environ deux millions de kilos de poissons! Parmi les mollusques marins, les principales espèces édules appartiennent aux genres *ostrea, mytilus, venus, cardium.* On vend aussi des panerées d'hélices *(helix lactea, pisana, aspersa)*, et même l'*helix vermiculata* apporté des îles Baléares. Il est à remarquer que l'on trouve, dans les grottes qui servirent autrefois de demeure à la population autochtone, des débris de ces coquillages, dont elle usait comme aliment. Les moules sont grosses; les crevettes, d'une excellente qualité, atteignent une taille peu commune ; les langoustes et les crabes sont fort estimés ; les tortues, de mer et de terre, sont abondantes et de grandeur moyenne ; les oursins figurent par monceaux ; enfin les oiseleurs s'établissent aussi dans ce quartier qui possède des restaurants d'un ordre spécial, hantés surtout par les gourmets (1).

Pendant que nous arpentions ainsi les rues et les marchés, le sirocco se mit à souffler avec une certaine force ; nous avons éprouvé presque aussitôt une lassitude telle, que nous avons pris le parti de nous reposer à l'ombre des beaux palmiers qui forment comme une oasis sur un des côtés de la place du Gouvernement. Par ce vent chaud et énervant, le mieux est de rester chez soi, immobile et de s'y livrer à une sieste prolongée. Nous regardions les passants dont le nombre est toujours grand sur ce point de la ville, lorsqu'un arabe, proprement enveloppé dans son burnous et la tête couverte du voile serré par le *krit* (corde en poils de chameau), s'approcha de nous poliment, nous salua et nous pria de lire deux papiers qu'il tenait à la main. Nous fîmes cette lecture à haute voix. Il écouta très attentivement : c'était la traduction française d'actes de délimitation de terrains, dans lesquels il figurait comme partie intéressée. Nous crûmes d'abord

---

(1) Voir, à l'appendice, la liste des principaux animaux vendus à la pêcherie d'Alger.

que, nous prenant pour un taleb ou lettré de
première classe, il nous témoignait une confiance dont nous étions sur le point de tirer
vanité. C'était simplement un homme méfiant.
Un passant lui avait déjà rendu le même office
et avait lu ses traductions. En ce moment, il
contrôlait la première lecture par la nôtre ; et
selon toute vraisemblance, cette épreuve ne fut
pas la dernière s'il rencontra un troisième
lettré non moins obligeant que les deux premiers. Et comme le sirocco continuait à souffler
de plus belle, nous avons pris le parti de nous
enfermer et d'imiter les gens du pays, c'està-dire de nous allonger nonchalamment sur
de petits matelas, longs et minces, étendus sur
le parquet, à l'abri du vent et des Arabes importuns et méfiants. Le même sirocco souffla
pendant trois ou quatre jours ; le thermomètre
marquait 23° c. dans les maisons du bord de
la mer. Chaque soir, vers quatre heures, la
chaleur s'atténuait et c'était le moment où il
était permis de sortir ; de midi à quatre heures,
la circulation diminuait sensiblement. Cependant on arrose constamment les rues et les
boulevards ; mais l'évaporation est tellement

prompte qu'au bout d'un quart d'heure c'est à recommencer. Les arrosages les plus utiles ont lieu pendant la nuit, de minuit à deux heures du matin ; c'est une heureuse innovation, que l'on doit à la municipalité prévoyante d'Alger.

Mais nous n'avions parcouru que la moitié tout au plus de la ville ; nous tenions en réserve la partie la plus pittoresque, les quartiers arabes, que nous avions entrevus à peine au nord de la cité, entre la rue Bab-el-Oued et le boulevard des Palmiers. Il nous tardait d'explorer la ville haute, ce que nous fîmes le soir, vers huit heures, accompagné d'un guide obligeant.

Il s'agissait d'atteindre la Kasba, en partant de la rue Bab-Azoun, et nous dirons, pour ceux qui l'ignorent, que c'est une véritable ascension. La montée commence dès la rue de Chartres, si l'on prend la rue Médée, par exemple ; elle se continue par des ruelles sinueuses, dont le système de pavage forme des marches et des escaliers. Après avoir coupé la rue de la Lyre, on atteint la rue Randon, et c'est là que commence le vrai domaine des indigènes, refoulés vers leur citadelle désormais inutile et dont les limites tendent à se resserrer chaque jour. Plus on s'élève, plus les rues se rétrécissent et passent à l'état de ruelles. Très souvent il n'y a que la place strictement nécessaire pour que deux personnes puissent circuler de front. Les étages des maisons, au-dessus du rez-de-chaussée, forment une saillie et se rapprochent les uns des autres au point, parfois, de se toucher en laissant à peine filtrer la lumière du jour. Ces avant-corps sont soutenus par un système de poutrelles nombreuses et solidement arcboutées ; et comme le tout est peint à la chaux, l'effet en est fort singulier. Les portes de ces mystérieuses demeures, où l'on ne voit nul habitant et où l'on n'entend aucun bruit, sont basses, cintrées ; il y a, sur presque toutes, une main ouverte, sculptée dans la pierre : c'est un signe cabalistique qui doit porter bonheur aux habitants. Peu ou point de fenêtres à l'extérieur, et lorsqu'il en existe, elles sont petites, carrées, défendues par des barreaux en grillage. Quelquefois il y en a une, semblable à un vasistas, au-dessus de la porte d'entrée, et c'est tout.

Il y avait une bonne demi-heure que notre ascension était commencée et nous grimpions toujours. Il était neuf heures du soir, et à cet instant toutes les petites boutiques, toutes les échoppes des Arabes et des Maures sont ouvertes, éclairées et en pleine activité. Les cordonniers, les boulangers, les fruitiers, les barbiers, les brodeurs, les écrivains publics, sont nombreux, et tout ce monde coud, pétrit, brode, vend, rase, écrit, travaille à la lueur des lampes. Dans la rue, se presse encore une foule silencieuse et qui semble compacte, eu égard au petit espace qu'elle a pour se mouvoir. C'est même un contraste assez frappant avec les quartiers européens, dont les magasins sont déjà fermés. Ici, au contraire, tout est vie commerciale ou industrielle, sur une faible échelle à la vérité ; la nuit, moins chaude que le jour, semble être le moment consacré au travail. Il est vrai de dire que les cabarets, décorés du nom pompeux de cafés maures, regorgent également de clients, les uns étendus sur des bancs à l'intérieur, les autres accroupis par groupes devant la porte. Chacun prend son café dans les tasses microscopiques que l'on connaît, et fume d'innombrables cigarettes ; pendant ce temps, un chanteur psalmodie une sorte de mélopée qu'il accompagne d'une petite guitare, ou bien un joueur de flûte exécute, soutenu par le rhythme d'une darbouka, des modulations peu variées. Nous continuons notre ascension le front baigné de sueur et un dernier effort nous mène dans des ruelles de tranquille apparence, un peu sombres, où quelques Arabes passent silencieusement, en rasant les murs. C'est, paraît-il, la région plus spécialement consacrée aux hétaïres. Nous disons plus spécialement, parce qu'ici tous les quartiers semblent bons pour une telle industrie. Mais à la hauteur où nous étions parvenus, leurs maisons sont tellement nombreuses que nous nous demandions comment tout ce monde pouvait vivre. Ces bayadères sont assises dans une petite pièce bien éclairée, faisant face à la rue : il y en a de toutes les couleurs, de toutes les nuances, depuis le blanc mat et le jaune citron jusqu'au noir d'ébène. En général, elles sont parées d'étoffes d'une polychromie flamboyante, relevées par une profusion de bijoux ; le plus souvent elles ont des chemises de gaze transparente. Et comme la porte de ces eldorados est percée d'un vasistas ouvert, sorte de kaléidoscope où chacun peut jeter un coup-d'œil en passant, il s'ensuit que personne n'est absolument trompé, au point de vue plastique, sur les qualités extérieures de ces nymphes soigneusement épilées.

Nous arrivons enfin à une grande rue, bien aérée, qui aboutit à la Kasba, puis à un large boulevard; c'était le terme de notre ascension, et franchement il était temps, car nous étions ruisselants de sueur et nos jarrets demandaient grâce. Nous respirons un moment, et après nous être orientés pour la descente, nous pénétrons de nouveau dans un dédale de rues étroites, mal éclairées, compliquées de ruelles et d'impasses, semblables enfin à celles que nous avions déjà suivies. La ligne droite y est absolument inconnue; mais toutes les combinaisons de lignes brisées, anguleuses, courbes et sinueuses, décrites ou à décrire par les géomètres, y sont amplement représentées et ont servi de base à leur tracé fantaisiste.

Pendant que nous descendions de ces hauteurs, le hasard nous conduisit devant une maison d'où s'échappait un bruit sourd, monotone, cadencé. Des nègres y étaient en fête et s'y livraient à la danse à l'occasion de la naissance d'un enfant. Nous entrons dans une petite cour, autour de laquelle ces gens mêlés à des arabes sont accroupis contre les murs. En avant de l'assistance, des musiciens font résonner bruyamment de larges castagnettes en fer, tandis que d'autres frappent à tour de bras sur des tams-tams et des darboukas. C'est au son de cette musique primitive, qui exige des tympans solides, que s'agitent les danseurs et les danseuses, presque tous de race noire. Formant un ovale allongé, une sorte de monôme elliptique, ils sautent plutôt qu'ils ne dansent à la file, avec des gestes grotesques, en se dandinant tantôt sur un pied, tantôt sur l'autre. Les musiciens frappent de plus en plus fort sur leurs instruments, l'animation de la danse suit la même progression, jusqu'à ce que les exécutants s'arrêtent épuisés. Après quelques minutes de repos, ce divertissement recommença de plus belle, et la fête dura toute la nuit. L'assemblée entière était composée d'indigènes, et bien qu'il n'y eût que nous d'européens, nous ne fûmes l'objet d'aucune curiosité indiscrète ou déplacée.

Que de fois, pendant notre séjour, ne sommes-nous pas revenu dans ces quartiers oubliés des européens, où la population indigène s'est repliée comme dans un dernier asile! Que de fois n'avons-nous pas exploré ces recoins pittoresques qui nous attiraient par je ne sais quel charme inconnu! Nous ne nous en sommes jamais lassé. Certain carrefour, décrit par Fromentin avec une grande exactitude, avait surtout le don de nous captiver. C'est celui de Si-Mohammed-el-Schérif, vers lequel aboutissent plusieurs rues arabes et qui est traversé par une artère bordée d'échoppes où demeurent des petits marchands de toutes sortes. Plusieurs d'entre eux, tels que les tailleurs, les cordonniers, les brodeurs, sont dans des niches tellement exiguës, qu'il n'y a littéralement place que pour une personne. Les passants, les désœuvrés, les flâneurs, les acheteurs, les gens accroupis devant les cafés, y fourmillent à tel point, à certaines heures du jour, que l'on s'y croirait au milieu d'un marché très animé. Vers cinq heures du soir, la circulation y devient difficile ; et lorsqu'une troupe d'ânes chargés de fagots ou de denrées y pénètre en cherchant à s'y frayer un passage, l'embarras augmente, les coups pleuvent, et la cohue devient indescriptible.

Dans le quartier de la marine, il y a encore beaucoup de maisons mauresques : les rues étroites, sombres, quelquefois voûtées, ressemblent à celles de la ville haute ; les maisons ont le même style que celles de la Kasba, seulement elles sont construites sur un terrain plat, en sorte que la circulation y est plus facile. Cette partie de la cité est au nord-est, entre la rue Bab-el-Oued, le Fort-Neuf et le boulevard des Palmiers. C'est encore le vieil Alger et l'on peut s'y rendre compte de la physionomie de l'ancienne ville, en dépit des constructions modernes qui commencent à y pénétrer. Mais il faut se hâter, car dans quelques années ces restes de l'architecture indigène, d'une originalité si piquante, auront peut-être disparu.

Nous ne quitterons pas les quartiers arabes sans parler des cafés maures. A vrai dire, ce

sont pour la plupart de modestes cabarets.
Nous en avons visité un grand nombre; partout nous y avons rencontré la même simplicité. Rue de Sabat, entre le boulevard du Centaure et la Kasba, nous sommes entré, plusieurs fois, dans un établissement qui nous était recommandé; c'est un de ceux dans lesquels nous avons trouvé un confort relatif. Les consommateurs, déchaussés et ayant leurs babouches à côté d'eux, sont accroupis sur des banquettes en terre, recouvertes de nattes; par la disposition des lieux, ils sont rangés sur deux lignes qui se font face. Un grand figuier, qui doit être fort ancien, à en juger par son développement, couvre de ses branches et de son feuillage un espace vide ou jardinet, sorte d'estaminet en plein air. Lorsque nous avions pris place sur le divan, le kaouadji nous servait le café traditionnel, un peu épais, mais très aromatique, dans de petites tasses. Les maures, accroupis en face de nous, fumaient silencieusement un chibouk ou des cigarettes, en humant de temps en temps quelques gorgées de moka. Quelquefois on nous a servi le thé arabe, infusion pharmaceutique

qui s'obtient avec diverses plantes indigènes : la paronique argentée (*paronychia argentea*), deux verveines (*verbena triphylla, verbena citriodora*), un ciste *(cistus albidus)*. Dans les bains maures, on prend également ces diverses infusions sous la dénomination de thé arabe, et l'on y joint, pour les femmes, des décoctions de centaurée *(erythrœa centaurium)*, et d'armoise arborescente *(artemisia arborescens)*, l'une comme emménagogue, l'autre comme fébrifuge. Le kaouadji aimait à nous montrer son laboratoire, dont les ustensiles de cuivre, tenus avec soin, reluisaient comme de l'or. Chaque tasse de café est payée dix centimes par les européens, cinq centimes seulement par les indigènes. Le mérite de ce petit établissement, c'est que l'on y jouit de l'air, de l'ombre, du calme, toutes choses fort appréciables, surtout en ce pays.

Quelquefois pendant la soirée, il nous est arrivé d'entrer dans plusieurs cafés maures, rapprochés des quartiers européens. Partout nous retrouvions des banquettes élevées, le long des murs, sur lesquelles prennent place les consommateurs alignés les uns à côté des autres. Un chanteur psalmodiait une sorte de cantilène, mélodie monotone, à rhythme court, sur un mode mineur, en s'accompagnant d'une guitare. Chacun humait son café en silence, tout en fumant des cigarettes ou un narguilé. En d'autres établissements fréquentés surtout par des nègres, la musique, véritable orchestre composé d'un rebeb, d'une darbouka, d'un tambour de basque et de castagnettes, était plus tapageuse. La moitié du personnel était couché devant la porte, sur de petites nattes. Dans la rue Randon, où commence la ville arabe, et où il y a beaucoup de cafés maures, nous allions dans un estaminet où se trouvaient toujours deux chanteurs et un joueur de flûte. L'un des chanteurs passait pour improvisateur. Le joueur de flûte avait deux instruments de forme différente (la flûte de derviche et le djouak), dont il se servait alternativement. Ici les fourneaux du kaouadji sont dans l'estaminet même, et une bonne partie des consommateurs est accroupie ou étendue sur le trottoir. C'est du reste chose très ordinaire dans la rue Randon et dans les ruelles adjacentes, où il est difficile de circuler pendant la soirée, les trottoirs servant de canapés et de divans à des centaines d'indigènes. En résumé, les cafés maures sont ici des estaminets plutôt que des cafés dans le sens européen ; on n'y consomme que du café ou du thé ; leur ameublement est des plus primitifs ; mais ce qui frappe surtout, c'est le silence qui règne parmi les assistants : chacun consomme sans mot dire, et à l'heure de la fermeture, on se retire paisiblement chez soi.

II

LE JARDIN DU HAMMA

Le Jardin d'essai du Hamma, situé sur le territoire de Mustapha, banlieue d'Alger, est assurément le plus beau jardin d'acclimatation qui existe dans le bassin méditerranéen et même en Europe ; on ne peut guère lui comparer que les jardins botaniques de Calcutta et de Batavia. Réparti sur trente-cinq hectares au bord de la mer et sur cinquante le long des coteaux qui dominent le rivage, ce riche établissement qui occupe cent employés réalise à merveille sa triple destination de promenade publique, de jardin d'acclimatation et de pépinière de diffusion pour les plantes exotiques et indigènes. Nous avons eu la bonne fortune d'y rencontrer le directeur, M. Charles Rivière qui, à diverses reprises, voulut bien nous en faire les honneurs : si notre récit a quelque précision, il le doit en grande partie à ses obligeantes indications.

Au sortir des bâtiments de la direction, les végétaux qui frappent d'abord les yeux sont les *bougainvillea* du Brésil, plantes grimpantes couvertes d'une profusion éblouissante de bractées purpurines, et un autre arbrisseau également volubile, originaire de l'Inde, à grappes jaunes d'un vif éclat *(cæsalpinia)*.

La première avenue que nous parcourons, précisément en face de la direction, est une longue allée d'un grand effet, bordée de dattiers, de lataniers, de dragonniers et terminée au bord de la mer par une oasis de soixante-dix dattiers. On se trouve ainsi transporté subitement en pleine zone intertropicale, tous les arbres y étant de grande taille et de très belle venue. Deux autres avenues sont également consacrées aux palmiers, l'une aux chamœrops *(ch. excelsa)*, l'autre aux lataniers *(latania borbonica)*. L'allée des bambous n'est pas moins remarquable : les bambous, grands et forts, hauts de quinze à vingt mètres, à tiges convergentes vers les sommets, forment une sorte de voûte qui abrite les promeneurs comme un berceau. La croissance du bambou est des plus rapides sous le climat algérien : M. Rivière, qui l'a observée avec soin, a constaté jusqu'à vingt-sept centimètres d'accroissement, et même, chez le bambou des Comores, jusqu'à cinquante-sept centimètres par vingt-quatre heures ! On cultive au jardin une vingtaine d'espèces de ces belles graminées parmi lesquelles la plus multipliée est le *bambusa macroculmis*.

Le groupe des *ficus*, également disposé en avenue, comprend environ quarante espèces dont la principale est le *ficus Roxburghi*. Au reste, tous ces figuiers sont remarquables par leur taille élevée, leur grosseur, leurs ramifications multipliées, avec cette particularité que les branches produisent des jets retombants qui plongent dans le sol. Ces jets, minces d'abord comme des baguettes de noisetier, se rencontrent, adhèrent entre eux, se soudent et finissent par devenir de grosses branches qui s'enfoncent en terre et s'enracinent. Les plus grands spécimens sont réunis en rond-point où ils produisent un très bel effet. L'arbre devient énorme; ses racines, elles-mêmes très robustes et en partie déchaussées, rampent autour du tronc. Mais les points d'attache avec le sol n'en restent pas moins fort puissants, en sorte que ces géants peuvent résister au vent le plus violent, sans courir le risque d'être déracinés.

Le groupe le plus pittoresque et le plus attrayant du jardin est celui des palmiers (ces princes du règne végétal, comme les appelait Linné), qui comprend les principaux types du monde entier, au nombre de cent environ, tous représentés par un certain nombre de sujets. Nulle part ailleurs on ne saurait voir une aussi remarquable collection ; le climat et le sol du Hamma doivent leur convenir à merveille, car tous les spécimens sont élancés, vigoureux, et atteignent les proportions grandioses qu'ils ont dans leur pays d'origine. En certaines parties du jardin, où les palmiers et les cocotiers sont très heureusement groupés, on pourrait se croire dans une forêt de Sumatra. Ainsi il est bien établi, par une expérience qui date déjà de loin, que la famille des palmiers s'accommode parfaitement du climat de l'Algérie. On peut admirer ces arbres dans le Jardin d'essai du Hamma qui en possède un très grand nombre, tantôt réunis par groupes et tantôt isolés, produisant un effet charmant qui réjouit à la fois l'artiste et le botaniste. Le stipe élancé du dattier, surmonté d'une élégante couronne de palmes retombantes, reporta notre pensée vers la suave églogue biblique de Salomon et de la Sulamite : statura tua assimilata est palmæ.

M. Rivière appela notre attention sur un autre groupe, celui des *strelitzia*, de la famille des musacées. Il y en a plusieurs espèces, toutes très ornementales, et l'une d'elles (*strelitzia reginæ*) était en pleine floraison (avril). Sa fleur est des plus originales, d'abord par sa coloration d'un jaune et d'un bleu très vifs, mais surtout par sa forme en bec d'oiseau, long, aigu, orné de pétales d'un jaune-orangé éclatant, disposés comme une sorte de huppe ou de crête flamboyante. Seulement, sous le ciel algérien, quelque chaud qu'il soit, la fécondation a besoin d'être sollicitée ; pour y arriver, on ouvre l'enveloppe des anthères, on racle le pollen avec le doigt, on le porte sur le style, et l'opération est accomplie. Sans cet artifice, la fructification ne s'obtient que rarement.

Dans notre revue des conifères, nous nous arrêtons devant de superbes *araucaria excelsa*, les plus beaux qui existent dans le bassin méditerranéen et dont plusieurs spécimens, âgés de quarante-deux ans, atteignent trente-sept mètres de hauteur. Les cèdres, représentés par des sujets majestueux, nous firent songer au Liban et nous comprîmes les louanges hyperboliques dont ils ont été l'objet chez tous les poètes de l'Orient depuis les âges bibliques. (Ecce Assur quasi cedrus in Libano pulcher ramis et frondibus nemorosus.) Sans aller en Terre-Sainte, on peut voir, à Téniet-el-Hâad, des forêts de cèdres mesurant trente mètres de hauteur et six à neuf mètres de circonférence. Comme chacun sait, le pin d'Alep croit spontanément sur le littoral de la Méditerranée, dont il couvre les parties montagneuses ; avec le pin des Canaries et le pin à longues feuilles, c'est l'essence qui, au dire des forestiers, convient le mieux au reboisement des montagnes de l'Algérie : le fait est que ces arbres prospèrent ici merveilleusement, et que la partie haute du jardin, consacrée surtout aux végétaux sylvestres, en contient de beaux massifs, entremêlés de bosquets d'*eucalyptus*, de *dammara*, de *podocarpa*, de *casuarina*, et d'autres espèces d'Australie.

Arrivés aux plantes grasses, nous examinons avec intérêt et curiosité la plus riche collection de ce genre que nous ayons jamais vue. Plus de quarante espèces d'agaves, soixante aloës, passent sous nos yeux ; les cactées, les crassulacées, les euphorbes, sont représentées dans les mêmes proportions. Parmi les végétaux aquatiques, les cypéracées et les nymphéacées brillent au premier rang. Au milieu des plantes grimpantes, nous retrouvons avec plaisir l'odorant jasmin des Açores, que nous avions autrefois cueilli dans son pays d'origine, à San-Miguel et au jardin botanique de Lisbonne. Enfin notre attention est attirée par les savonniers (*sapindus*), grands arbres originaires de l'Inde, à bois jaune, fin et dur, susceptible de remplacer le buis.

On nous montra aussi la ramie ou ortie de Chine *(urtica nivea)*, plante utilisée depuis longtemps par les Chinois et les Anglais de l'Inde, qui produit une matière textile de premier ordre, actuellement très recherchée par l'industrie. De nombreuses expériences sont tentées au Jardin d'essai sur les meilleurs procédés de décortication de cette urticée et de sa congénère l'*urtica utilis*.

Nous ne signalons ici que les arbres remarquables par leur port et les végétaux en fleurs au printemps ; car, s'il nous fallait citer les lauriers, les rosiers (l'Algérie est le pays des roses : on en compte au Jardin deux cent cinquante espèces ou variétés), les *yucca*, les types de la famille des aroïdées, les broméliacées, les arbres forestiers et notamment les eucalyptus, dont la croissance est si étonnamment rapide sous ce climat, nous entrerions dans une énumération qui deviendrait évidemment fastidieuse. Cependant, pour ne pas laisser absolument dans l'ombre la section des arbres fruitiers, qu'il nous soit permis d'ajouter que l'abricotier et le pommier comptent en Algérie plusieurs variétés indigènes estimées ; que le figuier, le grenadier, le mûrier, le jujubier, qui sont ici sur leur terrain, donnent des fruits savoureux ; qu'enfin le cerisier, le pêcher, le poirier, le prunier, réussissent bien. Nous aurions dû mettre en première ligne l'arbre le plus anciennement cultivé du globe, l'olivier, dont les deux types romain et phocéen sont toujours reconnaissables ; l'olivier d'origine romaine ayant le fruit noir et grêle, le bois fort, le feuillage maigre, tandis que le phocéen donne un fruit rougeâtre et charnu, peu de bois et beaucoup de feuilles ; puis les orangers, les citronniers, les bananiers, qui retrouvent ici leur climat d'origine et qui sont représentés par une multitude de variétés ; et enfin les goyaviers, les jambosiers, les anones, les avocatiers, dont il existe au jardin des séries nombreuses. On fait en Algérie une grande consommation de nèfles du Japon (*eriobotrya japonica*), petit fruit assez médiocre que l'on voit dans tous les vergers ; en revanche, la culture du fraisier n'est pas moins en honneur, et les fruits qu'il donne sont remarquablement parfumés.

La culture de la vigne nous inspirait un intérêt particulier. Le Jardin d'essai en possède une riche collection qui comprend environ 1,500 variétés et nous n'avons pas manqué d'en profiter pour recueillir quelques informations sur les races arabes et chinoises, sujet nouveau pour nous, plus familiarisé avec les plants de la Bourgogne et de la Champagne. Malheureusement cette belle collection, comme plusieurs des vignobles de l'Algérie, souffre des atteintes de l'altise (*altica ampelophaga*), petit coléoptère de la tribu des chrysomélidés, dont la larve et l'insecte parfait dévorent le parenchyme des feuilles. Bien que celles-ci ne soient encore qu'imparfaitement développées, nous constatons qu'elles sont déjà envahies par ce fléau qui est, pour l'Algérie, le Languedoc, le Bordelais, ce qu'est l'écrivain (*adoxus vitis*) pour la Bourgogne. Toutefois il est consolant de savoir que l'altise a pour ennemie une petite punaise bleue (*zicrona cœrulea*), qui a les mêmes teintes que le coléoptère et qui vit aux dépens de sa larve. Cette question de la culture de la vigne et de la production du vin est, pour la colonie, d'une importance de premier ordre. On plante beaucoup de ceps, au fur et à mesure que l'on défriche des parties incultes où la terre végétale est profonde ; ils réussissent à merveille et donnent une récolte dès la troisième année. C'est là une source certaine de prospérité, non seulement dans les plaines et sur les coteaux de la région littorale ou du Tell, mais encore dans la zone des hauts plateaux. Nous avons bu du vin rouge de Bou-Sâada qui nous a rappelé un vin de Bourgogne déjà vieux et de bonne provenance. En 1884 les Européens ont planté 50,800 hectares de vignes ; les indigènes, 5,206 ; ensemble : 56,006 hectares. La quantité de vin récoltée a été, pour les Européens, de 880,684 hectolitres ; pour les indigènes, de 10,215 ; en tout : 890,899 hectolitres. En 1885, on a récolté 1,000,000 d'hectolitres qui, à raison de 20 fr. l'un, ont produit 20,000,000 de francs. En 1886, la récolte a donné 1,500,000 hectolitres représentant environ 30,000,000 (Monteils). Ces chiffres sont officiels, nous les tenons du gouvernement général, et l'on admettra sans peine qu'ils ont leur éloquence. Seulement nous nous sommes demandé pourquoi les planteurs de vignes n'associent pas la culture de l'olivier à celle du raisin ?...

En thèse générale et pour résumer les observations relatives à la végétation du Jardin d'essai, nous signalerons avec M. Rivière un fait intéressant : c'est la résistance acquise par les végétaux élevés à l'air libre sous le ciel favorable du Hamma. Ils conservent, transportés en Europe, dans les serres et en plein air, cette vitalité native que l'on recherche en vain chez les plantes provenant de cultures artificielles et étouffées : c'est un fait physiologique incontestable. La même remarque s'applique aux graines récoltées au Hamma où, souvent, les plus délicates arrivent à complète maturité sur des sujets pleins d'une exubérance végétative qu'ils communiquent à leurs descendants. On constate également que les plantes provenant de graines récoltées sous le ciel lumineux du climat algérien conservent une ampleur de développement et une richesse de coloris tout à fait particulières (Ch. Rivière).

Il existe en outre, au Jardin du Hamma, une annexe curieuse et qui donne des produits lucratifs : nous voulons parler du parc aux autruches. L'autrucherie se compose d'une trentaine de larges compartiments, séparés par des palissades de roseaux, dans lesquels les autruches sont parquées par groupes, le plus souvent par paires accompagnées des autruchons. Au moment de notre visite, le troupeau comprenait près de cent individus, obtenus d'un couple originairement donné par le général de Mac-Mahon (1868) : c'est de là qu'est sortie la race de Barbarie. Grâce aux soins avec lesquels M. Rivière a développé les aptitudes à l'incubation naturelle, ces oiseaux réussissent très bien sans qu'il soit nécessaire de recourir aux couveuses artificielles ; on les parque par couples dès qu'ils sont adultes. Leur nourriture consiste en grains, fourrage, racines. En ce moment ils sont en plumage d'amour ; voici celui des mâles : les plumes des ailes et du dos sont noires ; les grandes pennes de la queue sont jaspées ou d'un jaune légèrement brunâtre ; le cou, les cuisses, le dessous du corps sont nus, avec une peau rouge. Nous voyons plusieurs mâles faisant la roue devant leurs femelles. Lorsqu'il se livre à cet exercice préliminaire, le mâle est pour ainsi dire agenouillé ; il étale les plumes jaunes de sa queue et balance vivement le cou à droite et à gauche. En dernier lieu, il fait claquer son bec fortement, ce qui est, paraît-il, l'appel final, la suprême agacerie. Mais le jour de notre visite tous les mâles en furent pour leurs frais ; les femelles ne répondirent pas à leurs avances et restèrent insensibles, en apparence du moins, à ce déploiement de gestes significatifs. Sous ce rapport la curiosité des zoologistes fut déçue et nous ne pûmes observer comment l'autruche s'y prend pour arriver à la conservation de l'espèce, ce terminus vers lequel tout converge dans la nature, aussi bien sur les globes qui circulent dans l'espace que sur notre planète. Les œufs d'autruche valent douze francs la paire ; les plumes blanches, de cinq à quinze francs ; les plumes jaspées, de deux à cinq francs ; les plumes noires, de un à trois francs. La graisse d'autruche est blanche, fine, de consistance ferme, d'une odeur faible ; elle rancit difficilement ; une autruche peut en fournir presque le tiers de son poids.

En résumé, on ne peut que décerner des éloges à une industrie qui, sans encouragements, sans subvention, s'est fondée et se maintient par ses propres ressources, en créant un établissement qu'on peut appeler d'intérêt public. Avec des charges fort lourdes, M. Charles Rivière, continuant les traditions de son père, a conquis au Jardin d'essai du Hamma un rang de premier ordre auquel il saura le maintenir.

On ne trouvera pas déplacé que nous disions ici quelques mots du Jardin Marengo, l'une des plus jolies promenades d'Alger qui domine le nord de la ville, avec une vue charmante sur la baie. Le site, qui est accidenté et qui n'est autre qu'un des mamelons de la base sur laquelle s'appuie La Bouzaréa, est des plus heureusement choisi pour un jardin public. Les conifères, les figuiers, les acacias d'Australie, les oréopanax, et quantité d'autres arbres exotiques, ainsi que des arbustes à grandes fleurs odorantes, y abondent. Dès les premiers jours d'avril, les mandariniers y sont couverts de fleurs en même temps que de fruits. C'est là que nous avons vu pour la première fois le bel-sombra (*phytolacca dioica*), arbre de l'Amérique du Sud employé dans les plantations d'avenues et de boulevards. Très résistant au vent, il ne justifiait guère, à l'heure présente, sa qualification qui promet un bel ombrage, car il n'avait pas une feuille : ses branches, grosses et torses, absolument nues, soigneusement émondées, ressemblaient à d'énormes moignons de géants, lamentablement levés vers le ciel. Nous avons remarqué aussi l'argan du Maroc, ainsi que des palmiers nains arborescents, des araucarias, des macluras, des planères, et une centaine d'aloès (*aloe fruticosa*) en fleurs d'un rouge éclatant. L'argan du Maroc (*argan sideroxylon*) est un arbre épineux, haut de huit mètres, toujours vert, et qui abonde sur les terrains stériles du Maroc méridional, entre 29 et 32 degrés de latitude ; il donne un fruit gros comme une prune, que recherchent les chameaux et les chèvres ; son bois, très dur, est utilisé pour le charronnage. Les palmiers nains produisent une tige qui s'élève assez haut lorsqu'ils n'ont pas été mutilés. Quant aux agaves, on peut se demander pourquoi, généralement, on s'obstine à leur donner le nom d'aloès ?

Les agaves sont américaines et ont été introduites par les Espagnols avec la figue de Barbarie. Les aloës sont de l'Asie ou de l'Afrique équatoriale et sont classés dans une autre famille.

III

LES MONUMENTS

Dans cette revue comme dans les autres divisions de ce livre, nous suivrons à peu près l'ordre dans lequel nous avons visité les édifices de la ville. C'est ainsi que nous parcourons successivement : le palais d'hiver du gouverneur-général, le palais d'été, les mosquées, les cimetières, les églises, l'archevêché, le cercle militaire et le palais de justice.

Appuyé contre la cathédrale, qui l'écrase par son aspect monumental, le palais d'hiver du gouverneur-général de l'Algérie ne frappe pas au dehors par son architecture. C'est un ancien palais maure, dont on a respecté l'ensemble architectural, tout en l'appropriant, par une addition à la façade, à sa destination nouvelle. Cette superposition à l'ancien édifice n'est pas d'un effet très heureux, bien que l'on ait essayé, du mieux que l'on a pu, d'imiter le style arabe. Mais en pénétrant dans l'intérieur, cette première impression disparaît : c'est bien un véritable palais dans lequel on est entré. La cour d'honneur, surtout, est extrêmement remarquable. On a décrit si souvent l'intérieur des maisons mauresques, qu'il serait superflu d'entrer dans les détails de cette somptueuse demeure. D'ailleurs toutes les habitations des Maures, grandes et petites, sont construites sur le même plan : elles comprennent une grande cour carrée, entourée d'arcades et de galeries soutenues par d'élégantes colonnes ; puis une seconde galerie superposée, ornée de balustrades et de colonnes plus ou moins riches ; autour de la cour et de la galerie de l'étage supérieur, sont les appartements ; pour toit, une grande terrasse ; nous verrons plus tard, en parlant d'autres demeures, que cette distribution est toujours la même. Ici l'on se trouve en présence de grandes proportions et d'une ornementation très riche. Les appartements sont meublés avec luxe ; le grand salon de réception, en particulier, les salons d'attente, le cabinet du gouverneur, sont décorés magnifiquement. M. Tirman nous fit un accueil amical ; il nous guida de ses conseils pour rendre plus fructueuse notre exploration de la ville et de ses environs, et comme à quelques jours de là il donnait une fête, il eut la bonté de nous y convier. Nous avons assisté à cette brillante réunion, qui nous fit voir le palais d'hiver sous un aspect nouveau. Le grand salon d'honneur, richement orné de ciselures innombrables dans le goût oriental, avec les frises chargées d'arabesques délicatement fouillées, avait été transformé en salle de spectacle, où quelques pièces furent jouées avec beaucoup de talent. Parmi les spectateurs on remarquait plusieurs chefs arabes revêtus de leur plus beau costume, qui ajoutaient encore à l'éclat de la fête en l'embellissant d'un reflet de l'orient. La cour, du style mauresque le plus riche, éclairée par des globes vénitiens, garnie de fleurs et de grandes plantes à feuillage ornemental, produisait un effet merveilleux. A minuit, le bal commença avec une telle frénésie, que nous dûmes céder la place à d'intrépides valseurs, quelque plaisir que nous eussions à admirer de charmantes toilettes et des corsages on ne peut mieux modelés.

Le palais d'été, résidence du gouverneur pendant les mois chauds de l'année, est situé à Mustapha supérieur, dans une position admirable. La route qui mène à ce palais et qui, depuis Alger, monte constamment en pente douce, est large et très agréable. Elle domine la mer, en sorte que sur la gauche, la vue embrasse l'étendue de la baie qui forme un large hémicycle, de la pointe El-Kettani au cap Matifou, tandis que sur la droite elle se repose sur les jardins fleuris des villas et les collines boisées du Sahel. Pendant la nuit qui avait précédé notre visite, il était tombé une pluie d'orage qui avait fort à propos abattu la poussière et ravivé la végétation, de façon qu'éclairées par un soleil splendide la campagne et la baie composaient un tableau magnifique. Le palais d'été s'élève donc au milieu d'un site des plus pittoresques, à mi-côte du versant du Sahel qui regarde la mer. L'entrée en est saisissante ; l'édifice, qui est en marbre blanc, du style mauresque le plus élégant, ressort dans ses moindres détails sur un fond de verdure très habilement combiné. Précisément ce jour-là, le gouverneur-général et Mme Tirman recevaient les membres du club-alpin. Le gouverneur souhaita la bienvenue à MM. les alpinistes, et Mme Tirman les convia à un lunch servi dans une des salles du rez-de-chaussée. Cette demeure du dernier dey d'Alger est le plus bel édifice de la province ; c'est un véritable palais qui a été agrandi depuis la conquête, mais dont on a respecté l'ordonnance générale et le style. Bref, c'est une résidence princière et tout à fait somptueuse, dont la plume aurait peine à donner une idée. Nous sommes entré dans une salle à manger où quatre-vingts convives sont à l'aise. Le salon, prolongé par une longue véranda vitrée, avec vue sur la mer, est dans les mêmes proportions : le meuble, en soie amarante brochée de jaune pâle, est extrêmement riche, et nous nous figurions sans peine ce que doit être une fête de nuit en de tels appartements. Le jardin, qui entoure le palais, mesure de quatre à cinq hectares; on se ferait difficilement une idée de son aspect féerique dans un pareil site et sous un semblable climat. Orné des plantes les plus belles et les plus rares, acclimatées sous ce ciel fortuné, il est tenu avec beaucoup de soin. Ce ne sont que palmiers, dattiers, bambous, bananiers, à l'ombre desquels l'acanthe et la pervenche forment de grands tapis de verdure. Toute cette végétation, entretenue par des eaux vives qui circulent partout dans des rigoles et des canaux, est luxuriante et d'une admirable fraîcheur. En somme, ce palais est digne d'un gouverneur de l'Algérie, tandis que celui de la ville, dominé par la cathédrale et confondu avec les maisons voisines, paraît mesquin en comparaison.

Cette réception, dont le gouverneur et Mme Tirman avaient fait les honneurs avec une exquise politesse, produisit une vive impression sur les membres du club alpin, qui reprirent gaiement le chemin de la ville. Quant à nous, notre pensée vagabonde nous reporta aux récits d'Hérodote et de Salluste; franchissant avec la rapidité de l'éclair toute la période écoulée depuis les premiers nomades de ces contrées, la folle du logis se représentait les antiques Numides et les Gétules primitifs traînant sur des chariots leurs logements portatifs (*mapalia*), faits de roseaux tressés avec des branches de lentisques ; et nous admirions *in petto* le chemin parcouru et les progrès accomplis...

Pour un étranger, un des attraits principaux d'Alger, c'est la visite des mosquées. Le peuple arabe, comme personne ne l'ignore, est profondément religieux : le Coran, les mosquées, les koubas, les marabouts, les cimetières, la prière, l'aumône, et tous les exercices du culte, tiennent une large place dans la vie des musulmans. Il serait intéressant, sans doute, de pénétrer au fond de leurs croyances et d'étudier leurs mœurs qui en sont le reflet ; mais cette étude ne se rattache qu'accessoirement à notre sujet. Nous dirons seulement que l'impression qu'ils nous ont laissée est tout à leur avantage. Bornons-nous à la description des mosquées que nous avons visitées sous la conduite de M. Remy, interprète militaire, dont la connaissance approfondie de la langue arabe nous a été d'un grand secours. Habitant l'Algérie depuis de longues années, appelé par ses fonctions à se mettre en rapports fréquents avec les indigènes, M. Remy a pris les allures qui conviennent avec la population musulmane. Il faut avec les Arabes du calme, de la gravité, peu de paroles, mais nettes et sensées ; en un mot on ne doit pas se livrer, mais se tenir sur la réserve. L'expansion, l'entrain, la loquacité, n'ont auprès d'eux aucun crédit.

La grande mosquée (Djama-el-Kébir), située rue de la Marine, est la plus vaste et la plus belle des quinze ou vingt mosquées et koubas qui existent encore à Alger. Toutes les fois qu'un édifice consacré au culte musulman est orné de tapis, personne n'y est admis avec sa chaussure : les musulmans eux-mêmes doivent quitter leurs babouches à la porte. Nous dûmes nous conformer à cet usage, qui ne comporte pas d'exceptions, chaque fois que le cas s'est présenté. A la porte de la grande mosquée, chacun de nous ôta donc ses bottines et les confia à l'une des nombreuses mendiantes accroupies à l'entrée de l'édifice religieux. L'intérieur des principales mosquées est d'une ornementation sévère. Des colonnes nues, de marbre ou de pierre, des lampadaires, quelques brûle-parfums, des suspensions, des tapis ou des nattes sur les dalles : telle est toute la décoration intérieure, la religion musulmane proscrivant les statues, les tableaux, tout ce qui est représentation d'un être vivant quelconque. Ici, il y a deux rangées de piliers, entre lesquelles s'ouvre une large nef où se tient la majeure partie des fidèles. Près de la porte d'entrée, se trouve la fontaine où les croyants viennent scupuleusement accomplir les ablutions prescrites par le Coran ; la vasque est en marbre blanc et le support nous a paru un chapiteau de colonne artistement sculpté et orné d'arabesques. Le tout est abrité sous un auvent soutenu par quatre colonnes et orné de majoliques versicolores ; l'auvent est lui-même ombragé par un gros figuier. Le dôme de la grande mosquée dépasse tous les édifices du quartier de la marine.

Nous fûmes introduits près du cadi Abderraman-el-Menouar, dont le tribunal, selon l'usage, est attenant à la mosquée. Nous aimons beaucoup ce rapprochement : mettre la justice sous l'égide de la religion, ou tout au moins à ses côtés, est une idée qui fait augurer favorablement d'un peuple ; il est vrai que chez les musulmans, la justice et la religion se confondent en un seul et même code. Après avoir examiné le prétoire, nous sommes entrés dans le cabinet du cadi, garni de tapis, de sofas, et meublé d'un petit bureau. Ce magistrat nous accueillit avec empressement ; il fit servir le café par son chaouch, et conversa volontiers avec nous, s'exprimant correctement en français. Doué d'une bonne figure et d'un bel embonpoint, très dévoué d'ailleurs aux institutions françaises, son plus vif désir est d'obtenir la croix. Entre autres particularités relatives à son ministère, il nous apprit que lorsqu'une femme a des raisons pour demander le divorce, elle se présente devant lui en tenant à la main ses babouches retournées. Ce simple geste, dont nous n'aurions pas soupçonné l'éloquence, en dit long : il tient lieu de requête introductive d'instance et même de plaidoyer, au grand ennui des amateurs de scandale et de détails plus ou moins scabreux.

La mosquée nouvelle ou mosquée de la Pêcherie (Djama-Djedid), voisine de la précédente, lui ressemble beaucoup dans son ordonnance et dans ses détails intérieurs, si ce n'est que ce sont des nattes qui recouvrent les dalles au lieu de tapis. La fontaine des ablutions est en dedans, près de la porte d'entrée : chaque fois que nous avons visité cette mosquée, nous y avons toujours vu un bon nombre de croyants occupés soit d'ablutions, soit de prières. Dominée par les terrassements qui ont été effectués pour créer le boulevard et la place du Gouvernement, et pour ainsi dire encastrée dans ces travaux, on n'y accède que par une rampe qui conduit devant la porte. A côté de cet édifice, dont la coupole émerge à peine au-dessus des murs d'enceinte, se dresse un minaret quadrangulaire, du haut duquel le muezzin convie, selon l'usage, les fidèles à la prière. Les jours de fête ou de réjouissance publique, on illumine ce groupe d'édifices, et leur masse blanche, éclairée par les feux de Bengale, prend une teinte rosâtre qui rappelle les premières lueurs de l'aurore.

Ici nous avons rencontré le muphti Bou-Kandoura, vieillard de haute taille, d'un extérieur séduisant, qui porte avec dignité le costume de sa charge. Il s'exprime aussi très correctement en français. « Je connais très bien Paris, la grande capitale, nous dit-il, et la jolie ville de Dijon. Je me suis arrêté dans cette dernière, en allant à l'Exposition de Paris, où j'avais été convié par l'Empereur. J'ai été fort bien reçu par le préfet d'alors, M. le baron de Bry, et j'ai conservé un bon souvenir de la ville, de ses monuments, et surtout du bois du Parc. » Le muphti est officier de la Légion d'honneur, et comme il a été comblé de prévenances et de cadeaux par la famille impériale, il est tout simple qu'il garde un bon souvenir de son voyage en France.

La mosquée Sidi-Abderraman et Fsa-albi-bou-Kobréïn est située à l'un des angles du Jardin Marengo, sur une éminence. Elle est flanquée de deux koubas : la kouba Ouali-Dada et la kouba Sidi-Mansour. On sait que ces constructions sont de petites mosquées, autrement dit des chapelles. La mosquée Sidi-Abderraman, plus petite que celles dont nous venons de parler, est aussi plus ornée ; les dalles sont recouvertes de riches tapis, les murs sont revêtus d'épaisses tentures, le plafond même disparaît derrière les oriflammes, les étendards, les lampadaires et les brûle-parfums. Au milieu on aperçoit le cénotaphe du saint marabout, très richement décoré. Le tout forme un ensemble un peu confus, disposé bien évidemment pour frapper les yeux et l'imagination, mais qui n'est pas sans charme et sans originalité. Le jour de notre visite, il y avait à la mosquée une assez grande assistance de fidèles ; nous y remarquâmes même un certain nombre de femmes, soigneusement voilées, qui nous parurent d'une condition au-dessus de la moyenne : plusieurs d'entre elles portaient des gants paille et des souliers de satin rose. Malheureusement, la fontaine aux ablutions n'est pas aussi bien aérée qu'ailleurs : elle est située dans un couloir étroit et sombre, d'où s'échappait une odeur étrange qui n'avait rien de balsamique. L'impression en fut d'autant plus sensible qu'il en résultait une fâcheuse dissonnance avec les gants si frais et les babouches coquettes que nous venions de remarquer.

La kouba Ouali-Dada est particulièrement fréquentée par les indigents, Ouali-Dada étant le patron des bureaux de bienfaisance. Il nous sembla entrer dans une sorte de cour des miracles. Nous y sommes restés le moins de temps possible, mais encore assez pour y faire une ample récolte de parasites variés ; c'est là que le gratte-dos, cet instrument si cher aux Arabes, nous eût été d'une grande utilité.

La kouba Sidi-Mansour est la plus petite des deux. Elle est ornée de drapeaux et d'étendards, et l'on voit, accrochés contre les murailles, des anneaux de fer et des chaînes qui rappellent un temps de barbarie dont le souvenir est déjà loin de nous. Le gardien est un vieux Turc qui a fait, nous dit-il, le voyage de la Mecque. De toute manière, il avait droit à notre respect; mais nous lui sûmes gré, surtout, de nous dispenser d'enlever pour la cinquième fois nos bottines, exercice auquel nous commencions pourtant à nous habituer. Ces trois édifices consacrés au culte musulman, environnés de murs blancs, sont groupés près du Jardin Marengo, sur un emplacement qui était autrefois un cimetière turc : on y conserve les tombes des personnages marquants. Ces monuments en marbre blanc ressemblent à des auges, pourvues vers la tête de deux godets et d'une dalle perpendiculaire souvent ornée d'un turban. Les coupoles des trois koubas sont dominées par un minaret, près duquel végètent quelques beaux palmiers. Enfin, quand on a franchi le mur d'enceinte et satisfait aux persévérantes sollicitations des pauvres, échelonnés sur les marches des escaliers, on peut jouir d'un splendide panorama. De ce point culminant la vue s'étend au loin sur les eaux bleues de la Méditerranée; à gauche, la petite ville de Saint-Eugène suit les sinuosités de la baie, tandis qu'au-dessus d'elle on aperçoit, hardiment plantée sur un promontoire élevé, l'église catholique de Notre-Dame-d'Afrique, dont la blanche silhouette se détache, comme un phare, sur l'azur du ciel.

Pour ne pas fatiguer par des redites le lecteur qui doit être édifié sur le chapitre des monuments du culte, nous ne pousserons pas plus loin nos investigations. Nous ajouterons seulement que, si nous en jugeons d'après ce que nous avons remarqué pendant notre séjour, nous nous croyons autorisé à dire que

4.

les mosquées sont passablement fréquentées, surtout par la classe moyenne et peu aisée ; assurément elles le sont plus que nos églises. Les Arabes pratiquent ponctuellement les ablutions et la prière. Jamais nous ne sommes entré dans une mosquée sans y trouver un certain nombre d'hommes faisant des ablutions, absorbés dans la prière ou la méditation, enfin se livrant à des pratiques religieuses ; le vendredi, qui est leur jour dominical, ils y sont en grand nombre, souvent en foule. Les femmes, dans les mosquées et les koubas, occupent des locaux séparés, généralement des tribunes grillées dont elles ont seules l'accès ; mais elles sont toujours peu nombreuses. C'est plutôt aux cimetières qu'elles aiment à se rendre : là elles s'entretiennent entre elles, ou avec les morts auxquels elles sont attachées. Il y a, autour d'Alger, plusieurs cimetières arabes : le plus grand et le plus fréquenté est celui de Mustapha, un peu avant le Jardin d'essai. Au mois de mai de chaque année, on y vient en pèlerinage de plusieurs lieues à la ronde, en l'honneur d'un marabout fameux. Nous avons vu, dans cette circonstance, jusqu'à deux à trois mille Arabes arriver ainsi à pied, à âne, à mulet, à cheval, et camper, les uns dans le cimetière même, les autres sur les terrains avoisinants et dans les champs. Pour passer le temps, durant le jour, les jeunes pèlerins absolument nus s'exerçaient à la lutte dans un pré et des cavaliers arabes, du haut de leurs selles à dossier semblables à des fauteuils, assistaient à ces exercices de gymnique et semblaient y prendre un grand intérêt.

Cependant, avant de parler du jeûne du Ramadan, qui viendra naturellement après les monuments du culte mahométan, nous devons encore dire quelques mots d'une touchante cérémonie à laquelle nous avons assisté : la bénédiction des drapeaux rapportés du Tonkin par le régiment des turcos. Ce jour-là (1ᵉʳ juin 1886), nous fûmes introduits dans la mosquée de Sidi-Abderraman où devait avoir lieu cette solennité et où se pressait déjà une foule d'invités et de curieux. M. le général Loysel, M. l'amiral Caroff, M. Firbach, préfet d'Alger, un grand nombre d'officiers supérieurs, de magistrats et de fonctionnaires de tout ordre, étaient réunis dans l'enceinte. Il y avait aussi beaucoup de dames, et dans la tribune, à travers le grillage, on distinguait les haïks et les voiles blancs des mauresques. Au bout de quelques instants d'attente, les drapeaux furent apportés par quatre sous-officiers d'une tournure martiale ; à leur suite venait, escorté par son personnel, le respectable Bou-Kandoura, muphti de la mosquée nouvelle, dont nous avons parlé plus haut, qui présidait la cérémonie. Les indigènes se rangèrent d'un côté, les Européens de l'autre, se faisant face, et au signal donné par le muphti les musulmans entonnèrent des chants religieux, accompagnés du bourdonnement des larges tambours de basque et du cliquetis sonore des castagnettes de fer. Les chants terminés, le muphti prononça, en français, un discours fort bien tourné, dans lequel il loua la vaillance des turcos et les exhorta à rester fidèles au drapeau de la France, leur mère adoptive. M. le général Loysel répondit, et, en quelques paroles appropriées à l'objet de la réunion, fit à son tour l'éloge de ce corps d'élite et rendit hommage à sa bravoure, déjà éprouvée sur plusieurs champs de bataille. Enfin, un troisième discours fut lu par un maure notable qui exprima en français les sentiments les plus nobles et les plus flatteurs pour notre pays. Pendant ce temps, les étendards étaient tenus légèrement inclinés, et les turcos au visage bronzé écoutaient dans une fière attitude. Quand les discours furent terminés, les officiants entonnèrent des litanies, où le nom d'Allah fut invoqué pour tous les chefs du régiment, pour toutes les autorités, présentes ou non à la cérémonie : personne ne fut oublié, pas même les dames, qui eurent également leur part dans les prières. A chaque invocation, les officiants répondaient : *amine!* Vers la fin, et au moment où l'on s'y attendait le moins, quatre jeunes garçons entrèrent subitement dans l'enceinte et inondèrent l'assistance d'eau de fleurs d'oranger, en versant vivement sur les groupes le contenu très aromatique de fioles bleues à long col. Après avoir été ainsi harangués, aspergés et parfumés, les assistants s'écoulèrent lentement, et les quatre drapeaux allèrent, croyons-nous, rejoindre les nombreux étendards rangés autour du cénotaphe de Sidi-Abderraman, l'un des saints les plus renommés de l'islamisme.

Le Ramadan, dont nous allons parler, est un mois de jeûne et d'abstinence, analogue à notre carême. L'ouverture de cette période a lieu, dans les mosquées, avec une certaine solennité. Nous avions été engagé par le muphti à assister à cette cérémonie, qui tombait le 1ᵉʳ juin en 1886; mais nous eûmes le regret de ne pouvoir nous rendre à son invitation. Le jeûne du ramadan est la troisième base fondamentale de l'islamisme, qui en reconnaît cinq : la prière, l'aumône, le jeûne, le pèlerinage, la profession de foi. On entre dans le mois de ramadan à la nouvelle lune qui suit le mois de chaban ; l'apparition de l'astre est dûment constatée par deux assistants du cadi. On doit jeûner chaque jour, à partir du moment où l'on peut distinguer un fil blanc d'un fil noir, suivant le dicton arabe, jusqu'au coucher du soleil. Pendant le temps du jeûne, on ne peut ni embrasser, ni étreindre, et l'on doit s'abstenir de toutes relations avec sa femme. Celui qui jeûne ne doit goûter aucun mets, pas même ceux qu'il prépare. Il ne peut se servir d'aucun remède pour les dents, car toute substance, aussi minime qu'elle soit, qui entrerait dans l'estomac, romprait le jeûne. La fumée de tabac même, non seulement celle qu'on aspire en fumant, mais encore celle qu'on respire en compagnie de fumeurs, rompt le jeûne ; il n'en est pas ainsi de la fumée du bois. Toutefois, un homme avancé en âge peut se dispenser de jeûner, pourvu qu'il donne chaque jour une certaine mesure de blé aux pauvres. En cas de maladie grave, on peut remettre le jeûne. La femme enceinte, en couches, ou qui allaite, peut se dispenser de jeûner ; il en est de même en cas de folie et pendant le flux cataménial. On rompt le jeûne aussitôt après le coucher du soleil (annoncé dans les villes par un coup de canon) en mangeant des choses légères ; aux trois quarts de la nuit, on fait le repas du sehour ; mais au point du jour il faut reprendre l'abstinence. Dans la pratique habituelle, à Alger, on fait deux repas de nuit : l'un au coucher du soleil, l'autre vers une heure après minuit.

Ces détails, que nous empruntons en partie au livre du général Daumas qui, lui-même, les a puisés dans l'ouvrage de Sidi-Khelil, commenté par Sidi-Abd-el-Baki, montrent avec quel soin tous les cas ont été prévus. Telle est la règle, et comment est-elle observée?... Nous devons déclarer que nous avons été édifié par la manière rigoureuse avec laquelle ces prescriptions sont suivies. Jeunes et vieux, riches et pauvres, tous s'y soumettent scrupuleusement; ni pour or, ni pour argent, personne ne consentirait à les transgresser. Il est vrai que, pendant la nuit, on se dédommage largement. Mais il n'en est pas moins remarquable de voir ces pratiques religieuses observées par toutes les classes. Sous ce rapport, il faut le reconnaître, les musulmans donnent aux chrétiens un bel exemple de soumission à la discipline religieuse, et c'est là, croyons-nous, un des grands éléments de leur force.

Toutefois, nous devons dire que, pour les impressionnistes qui désirent étudier les mœurs et les coutumes des indigènes, le mois de ramadan n'est pas aussi propice que les autres, ce qui s'explique par cette circonstance que toutes les habitudes sont changées, chacun faisant du jour la nuit, et de la nuit le jour. Pendant cette période, les cafés maures restent ouverts jusqu'à deux heures du matin et même plus tard ; beaucoup d'échoppes et de petites boutiques suivent cet exemple.

Nous avons assisté, pendant ce temps, à plusieurs exercices religieux, soit à la grande mosquée, soit à la mosquée nouvelle : toujours et partout, nous avons rencontré nombreuse assistance, notamment à cette dernière. Quelques Européens se tenaient en curieux près de la porte d'entrée ; l'intérieur de l'édifice était brillamment éclairé, par des lampes et des suspensions. Les indigènes étaient en grand nombre, mais on ne voyait point de femmes. Vêtus du long burnous blanc et déchaussés, ils étaient alignés en bon ordre sur les nattes. D'abord accroupis selon l'usage de l'orient, puis debout, ils exécutèrent, avec une précision presque militaire, des exercices d'ensemble d'apparence automatique. Comme si elles eussent été mises en mouvement par un ressort invisible, ces longues files d'hommes se dressaient debout, se courbaient, se prosternaient, baisaient le sol, demeuraient pendant quelques instants prosternées, puis se relevaient soudain. Pendant ce temps, des voix d'hommes psalmodiaient, sur un mode mélancolique, mais non dépourvu de charme, des versets du Coran. Nous pûmes constater que les mahométans pratiquent les cérémonies de leur culte avec un grand esprit de discipline et un zèle qu'ils puisent dans leur fanatisme. La colonisation, en effet, n'a point tari cette source qui les rend trop souvent intolérants.

Le ramadan qui avait débuté le 2 juin prit fin le 2 juillet. La veille, dans la soirée, il y eut une foule compacte dans les quartiers arabes, surtout dans la rue Randon et sur la petite place de la synagogue. Les estaminets regorgeaient de monde; les Arabes, pour respirer et jouir d'un peu de fraîcheur, étaient étendus dans les rues sur des nattes. Les cafés maures étaient pavoisés aux couleurs du croissant, les maisons reliées entre elles par des girandoles de lanternes vénitiennes et des transparents. Tout l'islam était en fête, et les croyants se préparaient à célébrer joyeusement la clôture du jeûne et la fin du ramadan. De neuf heures à minuit, les quartiers arabes furent extrêmement animés. A partir de cet instant la circulation diminua, chacun rentrant chez soi pour y prendre le second repas de la nuit. Le lendemain, les Arabes se rendirent en cortège nombreux, dans une file interminable de voitures, d'abord à la mosquée de Sidi-Abderraman, puis au Jardin d'essai. Les réjouissances durèrent trois jours. D'après ce que nous apprit le cadi, il y a moins de procès pendant le mois du ramadan qu'en temps ordinaire. Le jeûne aurait-il pour effet de tempérer l'humeur processive des Arabes?... Obéissent-ils ainsi aux prescriptions du Coran qui recommande de s'abstenir, pendant cette période, de tout mensonge, de toute mauvaise pensée, de tout péché par la langue?... Il y a là un fait constaté par la statistique : nous nous contenterons de l'énoncer.

Pour sortir, un moment, des édifices consacrés au culte et des cérémonies religieuses, nous dirons un mot du cercle militaire et du palais de justice ; enfin nous terminerons ce chapitre par un coup d'œil sur les églises catholiques.

Le cercle militaire est établi dans l'ancienne

caserne des Janissaires, près du théâtre; rarement les officiers d'une garnison trouveront une installation plus confortable. Les bâtiments sont nombreux et vastes, les cours spacieuses, les pièces grandes et bien aérées, et le tout est parfaitement décoré et meublé. Il y a salles de lecture, salles de conférences, bibliothèques, salons et galeries de toutes sortes. Mais nous avons été surpris de n'y trouver ni mess, ni café. Que résulte-t-il de cette lacune? C'est que l'animation y fait absolument défaut. En temps ordinaire, on y voit fort peu de monde, pour ne pas dire personne. En dehors des gardiens et des plantons, qui paraissent eux-mêmes clairsemés dans un local aussi vaste, c'est à peine si le cercle est fréquenté, chaque jour, par cinq ou six officiers. Il est probable que les membres du cercle préfèrent rester chez eux, ou se rendre dans les cafés de la ville, où ils trouvent les attractions qui leur manquent ici. Il est vrai que ces bâtiments servent surtout aux réceptions et aux fêtes, qui sont toujours fort belles dans un édifice merveilleusement approprié à cette destination. Les illuminations, l'éclairage, y sont toujours très soignés, et lorsque la musique des zouaves s'y fait entendre sur la terrasse qui regarde la mer, tout Alger accourt en foule. Nous y avons assisté à des kermesses de jour avec sauteries d'enfants très bien organisées ; les bals et les fêtes de nuit y étaient aussi très brillants. La salle des conférences, située au rez-de-chaussée sur la cour d'honneur, est un grand salon décoré d'une galerie de tableaux et de bustes en marbre, représentant les généraux français qui ont marqué dans les fastes de l'Algérie, à un titre ou à un autre, depuis la conquête.

Le palais de justice, vaste construction qui a coûté plusieurs millions, est de tous les édifices modernes le plus grand que l'on ait bâti récemment à Alger. Tout y est spacieux, élevé, bien aéré ; et sous ce rapport on ne peut que louer les architectes qui n'ont pas ménagé l'espace, le jour et l'air, dans un monument où c'était le premier besoin. Sous le ciel d'Alger, avec la foule des indigènes qui y affluent chaque jour, ces précautions étaient indispensables.

Des cinq églises catholiques qui existent ici,

la plus grande, la plus belle est sans conteste la cathédrale, qui touche au palais du gouverneur. Avec ses deux tours à coupole, elle produit du dehors l'effet d'une blanche mosquée ; mais par le fait c'est un édifice nouveau construit sur l'emplacement de l'ancienne Kéchaoua. A l'intérieur, on pourrait se croire également dans un monument du culte musulman adapté à sa nouvelle destination. Ici du moins on est assuré de trouver l'ombre, la fraîcheur, le mystère. Le dimanche, à l'heure des offices, il y a nombreuse assistance ; les femmes ne s'y montrent qu'en grande toilette, et plusieurs des jeunes et élégantes dévotes portent un petit bouquet de roses, de violettes ou de pensées, à la main ou au corsage.

En descendant les marches de la cathédrale, on aperçoit devant soi le palais archiépiscopal, qu'il est facile de visiter. Le concierge nous en fit consciencieusement les honneurs : il nous promena dans les salons, dans les chambres à coucher, et jusque dans les réduits les plus intimes. Ce palais, d'un beau style arabe, était la demeure du dernier amiral turc de la régence. Les colonnes torses qui supportent les arceaux des galeries sont très élégantes, et tout autour, sous les arcades, on a placé des statues, des bas-reliefs, des inscriptions qui font, de la cour d'honneur, une sorte de musée d'antiquités romaines et carthaginoises. Malheureusement pour nous, Mgr Lavigerie, cardinal-archevêque d'Alger, était en tournée pastorale en Tunisie, et nous ne pûmes lui présenter nos hommages, comme nous en avions le désir. Détail piquant : le concierge de l'archevêché est un israélite !... Voilà certes un exemple de cette tolérance aussi nécessaire au point de vue chrétien qu'au point de vue politique en Algérie, et dont l'illustre prélat ne s'est jamais départi. C'est un modèle que nous nous permettons de signaler aux sectaires intolérants de France, qu'il s'agisse de questions politiques ou autres : à une époque où l'on ne découvre autour de soi qu'intransigeance et fanatisme, il nous a plu de rencontrer cet exemple donné par un prince de l'église romaine.

Parmi les autres églises consacrées au culte catholique, la plus belle est Saint-Augustin ; Sainte-Croix, l'église des Jésuites, et Notre-

Dame-des-Victoires sont plus simples, quoique parfaitement tenues. Nous ne sommes entré ni dans la synagogue, qui nous a paru un monument de bonne apparence, ni dans la chapelle anglicane, ni au temple protestant.

Des trois cultes, musulman, chrétien et israélite, à peu près également représentés comme adhérents, c'est donc la religion de l'islam qui compte le plus grand nombre d'édifices, ce qui s'explique d'ailleurs par une plus longue possession. Cette circonstance, de trois religions à peu près équilibrées, entraîne, comme conséquence, trois jours de repos bien marqués par semaine : le vendredi pour les mahométans, qui fréquentent assidûment les mosquées, les koubas et les cimetières ; le samedi pour les israélites, qui sont très nombreux et qui détiennent en partie le commerce, de façon que la plupart des magasins sont fermés ; le dimanche enfin pour les chrétiens. En sorte que l'on peut dire qu'il existe, à Alger, trois jours fériés hebdomadaires, ce qui explique le grand nombre de gens endimanchés que l'on rencontre dans les rues pendant une partie de la semaine.

IV

LES MUSÉES

Après le Jardin d'essai du Hamma, l'établissement le plus instructif est celui qui renferme le Musée d'histoire naturelle et l'Exposition permanente des produits de l'Algérie. Réunies à l'origine par les soins de M. le commandant Loche, dont le nom est bien connu des zoologistes, ces collections comprennent les animaux de tous ordres recueillis dans la colonie, ainsi que les produits se rattachant à la botanique, à la minéralogie et à l'ethnographie.

Les mammifères y sont représentés par soixante-dix espèces. La faune mammalogique du pays est aujourd'hui suffisamment connue, grâce aux travaux de Rozet, de Gervais, de

Pomel, de Loche, grâce surtout aux deux voyages effectués récemment par M. Fernand Lataste, qui porte à soixante-quinze le nombre des mammifères authentiquement observés en Algérie (1). Il en résulte que les déterminations de M. Loche auraient quelques modifications à subir. L'éléphant et l'ours ont disparu de la contrée ; mais un singe, le magot, existe encore dans les provinces d'Alger et de Constantine, surtout en Kabylie : c'est le même qui vit sur les rochers de Gibraltar, où il a été probablement transporté par les Arabes. Les fauves sont encore loin d'être anéantis, si l'on en juge par la statistique des primes qui constate les résultats suivants pour les grandes espèces tuées de 1872 à 1880 : lions, 181 ; panthères, 988 ; hyènes, 1,483 ; chacals, 22,619. Pour la seule année 1880, le relevé officiel a établi la destruction de 16 lions ou lionnes et de 112 panthères, provenant en majeure partie de la province de Constantine, notamment des montagnes du Djurjura et des forêts de la Kabylie

---

(1) Fernand Lataste, *Catalogue des mammifères de Barbarie* ; 1885.

(Guelma, Bougie, Djijelli, Bône, La Calle). Les cétacés n'ont pas été suffisamment observés : Loche n'en connaissait que quatre sur les côtes algériennes (1867).

La collection des oiseaux, donnée par M. Loche, dont l'ornithologie était la spécialité, est la plus complète de toutes : elle ne comprend pas moins de 357 espèces avec leurs œufs. La famille des insectivores est la plus nombreuse ; il paraît qu'en certaines localités leurs vols obscurcissent le ciel, et c'est peut-être à la multitude de ces oiseaux qu'il faut attribuer la rareté des chenilles et des lépidoptères. Dès 1847, le catalogue des oiseaux observés en Algérie a été publié par M. Loche : il comprend 400 espèces.

Les reptiles et les batraciens sont au nombre de 56 espèces. Ce chiffre subira quelques modifications par suite des recherches de M. Lataste, qui n'a pas encore publié cette partie de ses travaux, et par celles de M. Lallemant, qui s'est également livré à l'étude de cette classe de vertébrés. Le catalogue publié par M. Lallemant renferme l'indication de soixante-dix types environ.

Les poissons d'eau douce comptent, en Algérie, vingt et une espèces, parmi lesquelles on peut citer : deux barbeaux qui habitent tous les cours d'eau aboutissant à la mer (*barbus callensis, barbus sitifensis*) ; de l'est à l'ouest du territoire algérien, depuis La Calle jusqu'à la Tafna, ces deux types se retrouvent invariablement et ce sont, avec l'anguille, à peu près les seuls poissons fluviatiles édules ; une truite (*salmo macrostigma*), qui aime les eaux limpides de l'oued Zhour ; un gardon (*leuciscus callensis*), très commun dans l'est ; le *tellia apoda* des sources près de Constantine, et le *syngnathus algeriensis*, propre à la Seybouse. Les autres ne sont guère connus que des naturalistes, mais on ne peut se dispenser de signaler, parmi les espèces intéressantes, celles qui ont été rejetées à la surface du sol par les eaux jaillissantes des puits artésiens. C'est ainsi que dans les puits d'Ourlana, de Mazer et de Sidi-Amran, la sonde a ramené des poissons appartenant aux genres *chromis* et *cyprinodon*, des crustacés et des mollusques. Dans les eaux thermales, autour de Biskra, vit aussi une espèce du genre cyprinodon (*c. calaritanus*) (1). Le lecteur trouvera tous les détails relatifs à ce sujet dans le mémoire instructif de MM. Letourneux et Playfair sur les poissons d'eau douce de l'Algérie (2).

La série des mollusques terrestres et fluviatiles est loin d'être complète ; néanmoins elle peut être consultée avec fruit, et nous y avons étudié avec intérêt les spécimens de la famille des unionidés, représentée en Algérie par plusieurs types spéciaux. En dehors du musée, M. Letourneux et M. Joly, à Alger, M. Lallemant, à L'Arba, possèdent sur cette branche de la zoologie des matériaux abondants qu'ils mettent volontiers à la disposition des naturalistes. De l'inspection des coquilles marines, il est ressorti pour nous que les espèces les plus abondantes de la baie d'Alger sont fournies par les genres *haliotis, patella, cassis, cyprœa, mitra, murex, purpura, trochus, venus, solen, tellina, pectunculus, pecten, mactra,*

---

(1) P. de Tchihatchef, *Espagne, Algérie et Tunisie;* 1880. — Elisée Reclus, *Algérie;* 1886.

(2) *Bulletin de la Société de Climatologie algérienne;* 1871.

cardium, anomia… On peut d'ailleurs aisément recueillir ces mollusques sur les plages à Hussein-Dey, au cap Matifou, à Saint-Eugène, à la pointe Pescade, à Guyotville et au marché de la pêcherie.

Les insectes, au nombre de deux mille espèces environ, sont largement représentés dans l'ordre des coléoptères. Parmi les orthoptères, on examine avec curiosité la terrible sauterelle, ou criquet voyageur (*acridium peregrinum*) qui, dans certaines années, est un fléau redoutable. Précisément, dans une tournée récente à Téniet-el-Hâad, M. le gouverneur général venait de constater que l'on avait détruit de 12 à 13,000 mètres cubes de criquets, et qu'il avait fallu pour atteindre ce résultat un million de journées de prestation. Chaque journée d'Arabe se payant 80 centimes, on avait dépensé de ce chef 800,000 francs. Comme on le voit, les migrations de sauterelles coûtent cher au gouvernement; mais c'est encore de l'argent bien placé, car on estime que l'invasion de 1866 causa une perte immédiate de 50 millions, sans compter la famine affreuse qui succéda, l'année suivante, à la disette, et qui fit périr les Arabes par milliers. L'espèce qui exerce ses ravages dans le Tell et sur les hauts plateaux de l'Algérie est la même qui désolait anciennement l'Egypte et dont il est fait mention dans la Bible, au livre de l'Exode, chapitre x : « Devorata est herba terræ et quidquid pomorum in arboribus fuit, quæ grando dimiserat : nihilque omnino virens relictum est in lignis et in herbis terræ in cuncta Ægypto. » C'est bien ainsi que procède le criquet. Quand ses innombrables légions ont passé quelque part, il n'y reste plus rien : pas une feuille, pas un brin d'herbe, pas un fruit ; l'écorce même des arbres est souvent attaquée. Il faut avoir vu de ses yeux d'aussi terribles ravages pour mesurer l'étendue de la calamité. Du moins en Egypte, sur un signe de Moïse, les vents d'ouest balayaient ces nuées dévorantes et les poussaient dans la mer Rouge : c'est l'Exode qui nous l'apprend. Ici et de nos jours, on ne doit guère compter sur le vent d'ouest, et encore moins sur la verge de Moïse. Pour se débarrasser de ces hôtes ruineux, il n'y a d'autre moyen que le feu : on les brûle par tombereaux et par quintaux ; encore faut-il pouvoir y consacrer un million de prestations, c'est-à-dire un million de francs !... Les cigognes, à la vérité, leur font une guerre acharnée, mais ce sont de faibles auxiliaires en présence d'un pareil fléau. Lors de l'invasion, qui eut lieu à Médéa en 1874, la bande de criquets occupait 25 kilomètres de front sur 4 kilomètres de profondeur, soit 100 kilomètres carrés ! En dehors des sauterelles, on a observé, en Algérie, d'autres passages d'insectes inoffensifs. Ainsi, en août 1862, M. Lallemant a remarqué une migration de lépidoptères, du *vanessa cardui*. Ces papillons, venant de l'ouest, ont passé pendant une journée entière au-dessus d'Alger par quantités incalculables ; ils paraissaient avoir fait un long trajet, car leurs couleurs étaient presque entièrement perdues.

Les échantillons minéralogiques comprennent près de neuf cents numéros et proviennent en bonne partie de la province de Constantine. Les échantillons de bois, de lièges, de céréales, de plantes textiles ou tinctoriales, de tabacs, de cotons, et les produits végétaux, comptent onze cents numéros, et c'est encore la province de Constantine qui en a fourni le plus grand nombre.

Mais la catégorie des produits de l'industrie indigène a surtout le don de captiver l'attention des visiteurs. C'est qu'en effet on voit réunis, dans cette exhibition permanente, créée par M. le maréchal Randon, des spécimens d'objets arabes, kabyles, mzabites et sahariens, que l'on ne retrouverait que difficilement aujourd'hui en Algérie, par cette raison que les articles de l'Europe introduits avec la conquête ont remplacé peu à peu ceux du pays, en portant un coup mortel à son industrie.

La collection des instruments de musique dont les Arabes et les nègres font usage est assez nombreuse, mais il faut convenir que tout y est bien primitif, surtout chez ces derniers. Tams-tams, tambours de basque, grandes guitares, guitares de Tombouctou *(gombri)*, flûtes des Ouled-Kosséir, tambourins arabes *(toubilaz)*, tambours des Aïssaouas *(bendair)*, tambours en terre peinte et dorée *(darbouka)*, musettes des Mzabites, castagnettes en fer *(kerakebs)*, sont les éléments rudimentaires d'un orchestre qui offre peu de ressources à l'harmonie. L'instrument le plus perfectionné est encore la cithare (*kanoun*), qui n'est autre que celle des Hébreux. Nous remarquons, parmi les instruments soudaniens, certaines guitares fabriquées avec des carapaces de tortues, dont l'effet musical doit être bien médiocre. Les instruments dont se servent le plus habituellement les Arabes et les Maures sont la guitare (*kouitra*), le *rebâb* ou alto à deux cordes, le *kemancha* ou violon à quatre cordes, la flûte à sept trous (*djouak*), le tambour de basque (*thar*), la *darbouka* ou tambour en terre cuite, et les castagnettes en cuivre ou en bronze. Dans la musique arabe, les intervalles qui séparent les tons sont plus faibles que dans notre échelle musicale. L'octave, au lieu de se diviser en tons et demi-tons, comprend des tons et des tiers de tons. Il en résulte, pour des oreilles qui ne sont pas habituées à saisir ces faibles écarts, que l'exécution semble pécher par la justesse (Morelet).

Les armes proviennent surtout de Kabylie, de Bou-Sâada et du pays des Touaregs. Les bijoux les plus originaux et les plus variés viennent de Kabylie et de Bou-Sâada ; et comme l'activité de ce commerce est le véritable critérium de la coquetterie féminine, il est permis de supposer que la Kabylie et le cercle de Bou-Sâada sont les contrées de l'Algérie où le goût de la parure et l'art de plaire sont le plus développés. La sellerie et les équipements de cavalerie sont variés et travaillés avec beaucoup d'art; c'est une des spécialités les plus intéressantes et les mieux réussies de l'industrie arabe. Il y a là, entre autres, de terribles éperons (*chabir*) dont on pourrait, au besoin, faire des broches ! L'article chaussures comprend des molletières, des brodequins, d'élégants souliers de femmes, des bottes molles en cuir rouge piqué de soie bleue, de riches babouches, des mules brodées, des sabots kabyles ornés de nacre (*kob-kob*), avec tasseaux élevés formant support, très habilement agencés. Parmi les vêtements, on distingue les burnous de Biskra en poils de chameau, les haïks de femme de Bou-Sâada et de Tolga, les tuniques et les ceintures des femmes kabyles, les couvertures en coton (*fraichia*) des Touaregs et leurs gandouras rouges, rayées de bleu. Les tapis, les tissus, les laines ouvrées, les tapisseries, sont largement représentés dans cette exposition, et c'est la province d'Oran qui semble ici tenir le premier rang dans cette branche d'industrie. Presque tous les objets fabriqués par les Touaregs sont en cuir, même leurs tentes ; le cuir paraît être, chez eux, la matière première le plus communément utilisée. Les instruments aratoires, les ustensiles de ménage, les poteries aux formes et à l'ornementation des plus originales, la sparterie, viennent compléter cet ensemble instructif et attrayant qui ne comprend pas moins de deux mille numéros. Un instrument dont l'usage est très répandu, paraît-il, chez les Arabes, c'est le gratte-dos. Il y a aussi, pour les amateurs, grande variété dans les *tassa* de circoncision, en cuivre ciselé et gravé. Quant aux boîtes à parfums, étuis à amulettes, glaces, colliers, chapelets, éventails, narguilés... leur nombre est incalculable.

Qu'il nous soit permis, en terminant cette énumération sommaire, de formuler un vœu. On nous a dit que la municipalité d'Alger, pour des motifs que nous sommes disposé à trouver excellents, aurait l'intention de transporter cette exposition permanente dans un autre local. S'il s'agit uniquement d'un déplacement, d'un simple transfert des collections dans de nouvelles galeries, nous n'avons rien à objecter ; mais si cette mesure entraîne fatalement une dispersion qui aboutirait, comme on peut le craindre, à l'anéantissement, les véritables amis de l'Algérie se consoleront difficilement de son exécution. Jamais on ne retrouvera l'occasion de reconstituer un semblable musée. Or, il faut le reconnaître, l'initiative du commandant Loche a été des plus heureuses ; après lui on a continué son œuvre d'après ses plans, dans l'esprit où il l'avait conçue, et l'on a élevé ainsi un monument des plus méritoires aux sciences naturelles, à l'ethnologie et à la colonisation elle-même. Car, ainsi que l'a dit excellemment M. le professeur Charles Martins, « les hommes éclairés savent que les progrès de l'agriculture et de l'industrie ont toujours été longuement préparés par l'étude patiente et désintéressée des lois et des productions de la nature. »

Il est à désirer aussi que le *Catalogue des*

produits de l'Algérie, daté de 1858, qui est devenu introuvable et qui n'est plus complet depuis longtemps, soit réédité (1).

Du musée de la ville nous passerons aux galeries et aux laboratoires de l'Ecole supérieure des sciences. En France, nos établissements d'enseignement supérieur portent le nom de facultés; en Algérie, ils ont gardé jusqu'ici l'appellation d'écoles supérieures, et les locaux qu'ils occupaient ayant été jugés insuffisants, on vient de construire de vastes bâtiments qui seront affectés à la même destination (2). En attendant, l'Ecole supérieure des sciences a été installée provisoirement dans une maison particulière, à Mustapha supérieur, où nous fûmes très bien accueilli par M. Pomel, professeur de géologie et directeur de l'école. Le savant directeur se mit aussitôt à notre disposition, ainsi que ses deux préparateurs, et nous fit parcourir les salles consacrées aux

(1) *Catologue des produits de l'Algérie*. Alger, impr. du Gouv., 1858; in-8 de 98 pages.
(2) L'inauguration des nouveaux bâtiments vient précisément d'avoir lieu le 13 avril 1887, sous la présidence de M. Berthelot, ministre de l'Instruction publique.

collections et aux laboratoires. Les galeries de géologie, de minéralogie et de paléontologie, sont très riches, et bien que leur installation provisoire les tienne dans un cadre trop resserré, elles ne perdent rien de leur réelle valeur et de leur irrécusable utilité. On n'ignore pas, dans le monde savant, que M. Pomel est un paléontologiste de premier ordre et qu'il s'est occupé depuis longues années, entre autres travaux, de l'étude des échinides fossiles, dont il publie des monographies enrichies de très belles planches. Il en résulte naturellement que c'est la branche la plus riche du laboratoire de paléontologie; c'est en même temps la plus précieuse, puisqu'on y trouve réunis tous les types décrits et figurés dans les monographies. Le tout est classé, comme on peut s'y attendre, avec un soin pour ainsi dire paternel. La collection minéralogique est très riche aussi; elle brille par le choix, le volume et l'abondance des échantillons. Les espèces minérales sont représentées, non par des fragments minuscules, comme on le voit souvent, mais par des blocs pesant quelquefois plusieurs kilogrammes. Elle renferme surtout les minéraux de l'Algérie, de la Tunisie, de l'Espagne, de la France, de la Hongrie et de la Sicile. Nous remarquons, entre autres, de beaux marbres tirés d'une carrière exploitée près d'Oran, des serpentines et des onyx translucides provenant de la même province. Parmi les espèces métalliques, citons le cuivre, le plomb argentifère, l'antimoine, le zinc, le mercure, le fer, qui abondent dans la colonie. Quant aux combustibles, on sait qu'ils sont rares en Algérie, et nous n'avons guère remarqué qu'une houille maigre, découverte aux environs de Bou-Sâada.

Les terrains qui dominent, en Algérie, appartiennent aux strates crétacé et jurassique. Autour d'Alger, les roches qui affleurent sont des roches azoïques, spécialement de micaschiste et de gneiss ; au-dessus viennent plusieurs étages des terrains tertiaire et quaternaire, dans lesquels les fossiles sont très abondants et souvent d'une belle conservation.

M. Pomel est chargé par l'Etat de la construction de la carte géologique de l'Algérie, tâche laborieuse et difficile pour laquelle il s'est ménagé la collaboration précieuse de

M. Pouyanne, ingénieur en chef des mines. Pour ce travail de longue haleine et qui nécessite des voyages pénibles, le ministère des travaux publics alloue un budget annuel de 25,000 francs. Il y a plusieurs années que les études préliminaires sont entreprises : plusieurs feuilles ont paru ou vont paraître ; les environs d'Alger sont terminés et le tirage en est fait ; mais il faudra nombre d'années encore pour conduire l'entreprise à bonne fin. M. Pouyanne est l'auteur d'une carte inédite du bassin méditerranéen occidental, comprenant la France, l'Espagne, l'Italie et l'Algérie. Cette carte permet de comparer, d'un seul coup d'œil, l'étendue de l'Algérie à celle de la France ; on y voit, exactement tracée, la limite nord du Sahara : il serait à désirer qu'une œuvre aussi intéressante fût publiée et répandue dans les écoles. Pour tout ce qui concerne la topographie, on peut s'adresser à M. Pouyanne, sans crainte de trouver son savoir en défaut.

C'est ici le lieu de parler des collections particulières que nous avons visitées, des voyageurs et des savants avec lesquels un hasard heureux nous a mis en rapport. Au chapitre des excursions, nous entrerons dans quelques détails sur M. Durando, professeur municipal chargé d'enseigner la botanique, et sur les courses qu'il a organisées et qu'il dirige ; nous nous contenterons ici de signaler ses collections et sa bibliothèque à l'attention de tous les naturalistes. Mentionnons aussi le nom de M. Schindler, conseiller à la Cour d'appel d'Alger, amateur éclairé qui, à la suite de courses nombreuses dans l'Atlas, la Métidja et le Sahel, a formé un herbier qui sera consulté avec fruit. Enfin, on ne peut parler de la flore de l'Algérie sans citer l'ouvrage le plus récent sur la matière, c'est-à-dire le *Catalogue des plantes d'Algérie* (en cours de publication), par MM. Battandier et Trabut, professeurs à l'école de médecine ; leurs travaux, qui complètent ceux de MM. Durieu de Maisonneuve et Cosson, auront leur à-propos et leur mérite.

Pour en revenir à la zoologie, l'un des premiers cabinets que nous ayons visités est celui de M. Grasset, à Mustapha. L'habitation est une villa spacieuse d'où l'on jouit d'une très belle vue sur la baie d'Alger ; mais ce qui ajoute au charme de la résidence, c'est qu'elle est entourée d'un vaste jardin s'élevant sur un coteau accidenté. Ce ne sont partout que massifs d'arbres verts, de lauriers, de lentisques, ombrageant des parterres de fleurs et des groupes d'acanthes. Le luxe de cette végétation dérive naturellement du climat; mais sa vigueur est encore stimulée par le bénéfice d'une source abondante qui tombe des rochers, circule dans des rigoles et finit par être recueillie dans un grand réservoir au bas du jardin. Ce qui nous a plu surtout, dans cette villa, c'est le cabinet de travail de M. Grasset, si l'on peut nommer ainsi une vaste galerie, très longue, très éclairée, ayant vue sur la mer. C'est là que sont réunis les objets rapportés de ses voyages lointains, du sud de l'Algérie, du Sénégal et des Canaries. M. Grasset est à la fois naturaliste, archéologue, artiste ; il a fait exécuter, à Cherchell notamment, des fouilles qui ont donné de bons résultats pour l'archéologie. Malheureusement, ce collectionneur intelligent est mort à Cherchell quelques semaines après notre arrivée : les sciences naturelles ont fait en lui une perte regrettable. Il faut espérer au moins que ces collections, qui ont coûté tant de peines et tant de travail, et qui, selon toute apparence, ont abrégé la vie de leur auteur, ne seront pas perdues pour la science,

M. Letourneux, conseiller honoraire à la Cour d'Alger, possède une collection de mollusques terrestres et lacustres des plus riches et des plus instructives. Ce savant, dont le nom est bien connu, a effectué divers voyages en Algérie, en Tunisie, en Egypte, en Palestine, en Asie Mineure, en Grèce et aux îles Ioniennes; il a exploré, en outre, le bassin du Danube. Les espèces de ces contrées sont largement représentées dans ses tiroirs : on y remarque, entre autres, de très belles séries de *corbicula*, recueillies en abondance aux environs d'Alexandrie et dans le delta du Nil. Chercheur infatigable, il emploie ses loisirs à voyager dans l'intérêt des sciences naturelles, et comme il est à la fois jurisconsulte, linguiste, archéologue, numismate, botaniste et zoologiste, le Gouvernement a profité plusieurs fois de ses connaissances variées pour lui confier des missions scientifiques qu'il a remplies avec succès. Son ouvrage sur la Kabylie (en collaboration avec le général Hanoteau), est fort estimé (1).

M. Lallemant, pharmacien à L'Arba, s'est longuement occupé de l'étude des animaux et des végétaux de l'Algérie. Ses recherches ont porté particulièrement sur les mollusques, les reptiles, les coléoptères et les plantes médicinales. C'est avec beaucoup de complaisance qu'il met à la disposition des naturalistes ses collections aussi riches que variées. Il faut citer encore, comme digne d'intérêt, la belle collection d'étude pour les mollusques vivants et fossiles réunie par M. Joly, à Alger; les recherches et les travaux microscopiques sur les infusoires de M. Maupas, sous-bibliothécaire, à Saint-Eugène ; et enfin la collection de coléoptères de M. Lauras, pharmacien à Alger.

Nous nous garderons, dans cette énumération, d'oublier les noms de trois voyageurs

---

(1) *La Kabylie et les coutumes arabes;* 1872, 3 vol. in-8.

qui, bien qu'ils n'aient pas à proprement parler formé de collections, nous ont vivement intéressé par le récit de courses lointaines qu'ils ont effectuées, en Algérie, pendant notre séjour.

A l'époque où nous l'avons rencontré, M. Valby, pharmacien en chef de l'hôpital civil de Mustapha, arrivait de Gardaïa, chef-lieu du Mzab, après un voyage de trois semaines. Il faisait partie des quarante alpinistes qui s'étaient proposé de visiter cette contrée, et dont huit seulement arrivèrent à bon port, le surplus de la caravane s'étant dispersé sur la route pour une cause ou pour une autre. Dès le lendemain de son retour, M. Valby nous raconta les principaux incidents de cette excursion qui fut très intéressante, bien que trop rapide, et par suite assez pénible. Le trajet d'Alger à Gardaïa (près de 700 kilomètres), fut accompli en voiture, mais sur des chemins détestables, réduits parfois à de simples pistes, et transformés, dans les descentes, en véritables escaliers que les véhicules ne franchissent pas sans danger : tel fut le cas entre Djelfa et Lagouat. Le retour fut plus pénible encore ; quatre des huit touristes qui atteignirent Gardaïa furent forcés, par la fatigue, de s'arrêter en route. M. Valby, qui s'intéresse aux productions naturelles, surtout aux plantes et aux minéraux, et qui de plus est photographe, avait profité de toutes les occasions pour recueillir, sur les marchés et sur le parcours, un bon nombre d'objets curieux ; il avait pris en outre une série de photographies à l'aide d'excellents appareils. Malheureusement, à Bou-Sâada, pendant le trajet de retour, il fut obligé de se séparer de la caisse qui contenait ces précieux objets, et elle fut égarée, sans qu'il ait été possible, depuis, de la retrouver. La plupart des photographies ont cependant échappé au naufrage ; nous citerons les principales dans l'appendice, avec l'espoir que cette énumération ne sera pas sans utilité pour les géographes et les dessinateurs.

La craie, d'après M. Valby, paraît dominer dans le Mzab. Le pays est bien arrosé au moyen de puits creusés par les habitants, bien cultivé, et peuplé d'environ 30,000 âmes ; Gardaïa, seul, en compte de 12 à 15,000. En dehors de la zone des cultures règne la région désertique du Sahara. Là, on ne voit plus guère que des touffes d'alfa (*stipa tenacissima*), de drinn (*aristida pungens*), de larges plaques de thym (*thymus serpillum*), et quelques lavandes. Ça et là, on rencontre de rares pistachiers (*pistacia atlantica*), le betoum des Arabes, à l'ombre desquels végète la triste rose de Jéricho. Le tronc du pistachier acquiert un développement assez considérable : il y en a qui mesurent trois mètres de circonférence. Sur les rochers croissent de nombreux lichens. Un sol pierreux, parsemé de cette maigre végétation, est bien l'image de la stérilité et n'offre, on le conçoit aisément, qu'un paysage d'aspect sévère. Jusque dans ces contrées, par 32 degrés de latitude, M. Valby a rencontré des silex taillés, couteaux, grattoirs, pointes de flèches, se rattachant aux âges préhistoriques. Malheureusement les voies de communication sont encore tellement défectueuses que toute excursion dans le Mzab est une entreprise pénible.

Pendant le courant du mois de juin, M. le comte et Mme la comtesse Dœnhoff, qui avaient passé tout l'hiver en Algérie et dont nous avions eu le plaisir de faire la connaissance, ont fait une excursion en Kabylie. Ils sont allés à Ménerville, à Tizi-Ouzou, à Fort-National et à Dellys. Le trajet s'est effectué, selon l'opportunité des lieux, tantôt en voiture et tantôt à dos de mulets. Nos voyageurs ont souffert du froid en franchissant des cols de 15 à 1,800 mètres d'altitude. En Kabylie, ils ont été frappés de l'importunité des femmes dont la curiosité indiscrète blessait Mme Dœnhoff dans sa délicatesse. Parmi les bijoux en argent, d'une grande originalité, dont elles se parent, Mme Dœnhoff cite un collier auquel est suspendu un large médaillon, argent et émail, d'un travail curieux et fort joli. C'est également à ces aimables voyageurs que nous sommes redevable de la majeure partie des détails relatifs aux filles des Ouled-Naïl, détails que nous avons consignés dans le chapitre consacré aux femmes de l'Algérie. Il y a toujours à gagner dans la conversation des voyageurs instruits, comme ceux que nous venons de nommer, et nous ne saurions oublier l'intérêt que nous avons pris au récit de leurs aventures.

Enfin, nous consacrerons quelques lignes à

la Bibliothèque publique de la ville, que nous avons plusieurs fois visitée. Ce dépôt, riche de 26,000 volumes, est installé dans une belle et grande habitation mauresque qui, sans avoir les proportions d'un palais, fut jadis une somptueuse demeure. On y accède par un vestibule décoré de colonnades de marbre et de sculptures. La cour, carrée, avec colonnes et cintres de marbre blanc, est presque aussi grande que celle du palais du gouverneur. Cet édifice étant destiné à la fois à la bibliothèque et aux monuments du passé, le pourtour de la cour et le vestibule sont en réalité des galeries d'antiquités romaines et carthaginoises. Au premier étage se trouve la bibliothèque, administrée par M. Mac-Carthy, conservateur, et M. Maupas, sous-bibliothécaire. Les tables de lecture et de travail sont distribuées autour de la galerie, et cette installation en plein air ne manque ni d'originalité, ni d'opportunité, en raison du climat. Nous vîmes là, dans la salle consacrée aux manuscrits arabes, des tolbas en burnous et voile blancs, absorbés comme des bénédictins sur les vieux parchemins. Les manuscrits, au nombre de 1,700, comprennent plus de trois mille traités sur presque toutes les connaissances humaines au point de vue arabe; mais la majeure partie traite de la religion et de la personne de Mahomet. Parmi les exemplaires du Coran, l'un des plus curieux est en caractères coufiques ; d'autres, rehaussés par des illustrations en or et couleurs, se font remarquer en outre par une belle exécution calligraphique. Citons encore les divers livres de la *Sonna*, ou loi traditionnelle, augmentés des exégèses habituelles par les docteurs en renom. Après les ouvrages de théologie, les plus nombreux se rapportent à la législation et comprennent les textes des deux sectes d'Hanifa et de Malek, ainsi que les commentaires et les gloses des plus habiles interprétateurs. Les traités relatifs à la langue arabe, à la grammaire, à la rhétorique, à la logique, sont aussi très nombreux. La poésie, idéale ou technique, est représentée par 350 poèmes ou pièces de vers de différents genres. Environ soixante manuscrits appartiennent à l'histoire, à la géographie, aux voyages et aux contes. Enfin il y a des ouvrages sur la médecine, la philosophie, l'astronomie, la physique, la métaphysique, la magie, l'astrologie (Berbrugger). Environ 400 de ces manuscrits ont été recueillis par M. Berbrugger, pendant les expéditions de Mascara, de Tlemcen et de Constantine.

Au nombre des antiques du musée annexé à la bibliothèque, les sujets les plus abondants proviennent de Cherchell, la *Julia Cœsarea* des Romains, capitale de la Mauritanie. Nous citerons, parmi les marbres de provenance romaine, une statue de Neptune, une jeune romaine, un groupe de l'hermaphrodite au serpent, et par-dessus tout un torse de Vénus (peut-être un produit de l'art grec), le morceau le plus beau que l'on ait découvert jusqu'à présent en Algérie. Les objets conservés dans ce musée comprennent 500 numéros consacrés aux antiques, à l'épigraphie indigène, aux monuments publics et aux sépultures.

V

LES INTÉRIEURS

Ainsi que nous l'avons dit dès le début, l'intérieur des maisons mauresques d'Alger est, à peu près, toujours le même ; elles sont toutes distribuées d'après un type uniforme qui convient au climat et qui répond aux besoins, aux usages et aux mœurs des habitants. Une fois ce type trouvé et adopté, les architectes maures ne se sont plus mis en frais d'invention. En général, vous entrez par une porte cintrée, peu élevée, ornée de clous et de ferrures, et vous pénétrez dans une cour carrée, souvent précédée d'un vestibule et entourée de pièces consacrées au service qui donnent sur une galerie couverte. Un escalier de pierre, à marches élevées, revêtues de faïences bleues et blanches, ou roses et blanches, vous mène au premier étage, c'est-à-dire à la galerie qui règne autour et au-dessus de la cour et sur laquelle s'ouvrent les chambres destinées aux maîtres du logis. Ce sont des pièces longues, isolées, fermées par une porte à deux battants et par un grand rideau de mousseline blanche. Deux ou trois petites fenêtres sans vitres, ou plutôt de simples baies prennent leur jour sur la cour ; il est extrêmement rare qu'il existe une croisée sur la rue ou même donnant sur la campagne. Le plus ordinairement, l'ouverture qui donne sur la rue, au-dessus de la porte d'entrée, est petite et grillée : c'est par là que l'on reconnaît les visiteurs. La balustrade de l'étage supérieur est en bois sculpté ; les piliers et les colonnes qui soutiennent ou décorent les galeries sont à moulures torses avec chapiteaux ; les cintres, les architraves, les archivoltes sont ornés de plaquettes de faïence versicolore ou de majoliques formant de jolis dessins. Souvent aussi des ceps de vigne ou d'autres plantes grimpantes s'élancent le long des colonnes et les enguirlandent. Enfin, le toit consiste en une terrasse, où l'on vient respirer le soir ou goûter la fraîcheur pendant la nuit. Les Maures, mais surtout les femmes, aiment énormément les plantes, l'eau, les poissons rouges, les oiseaux, en un mot tout ce qui anime et vivifie leur intérieur. Lorsque l'on est admis dans une de ces maisons, on vous offre invariablement le café, servi sur un grand plateau de métal, monté sur pied, qui sert de table ou de guéridon au milieu de la chambre. Vous êtes accroupi à l'orientale ou à la turque sur de petits matelas, les reins et les bras appuyés sur des coussins, en sorte que le plateau se trouve au niveau et à la portée du consommateur. On prend généralement et sans inconvénient plusieurs tasses de café, car ces tasses sont petites et le café maure, bien que très aromatique, ne produit pas d'excitation sensible.

Telle est, généralement, l'ordonnance d'une maison indigène à Alger. Pour rendre cette description plus claire et plus précise, nous introduirons le lecteur chez un Maure riche et instruit dont nous avons fait la connaissance sur la fin de notre séjour et qui a bien voulu nous permettre de compléter chez lui nos observations.

Diverses circonstances avaient retardé notre entrevue avec cet indigène, lorsqu'enfin, sur son invitation, nous nous dirigeâmes un jour vers sa demeure. Au moment où nous arrivions devant la maison, située en plein midi sur un grand boulevard, le Maure que nous allions visiter sortait de chez lui, suivi d'un petit arabe qui portait une corbeille : il se rendait au marché pour y faire quelques emplettes. En nous apercevant il rentra pour nous recevoir. Puisque l'on donne le nom de Maures aux citadins ou habitants des villes, en réservant celui d'Arabes pour ceux de la campagne et de la tente, nous dirons que notre hôte était un véritable Maure qui nous parut âgé d'environ trente-cinq ans ; il avait fait de bonnes études classiques au lycée d'Alger. C'était donc un lettré, s'exprimant en très bon français, ayant d'ailleurs bon air et un aspect avenant. Il nous a paru qu'il parlait avec complaisance des institutions monarchiques et qu'il ne goûtait pas sans réserves les bienfaits du régime actuel. Il ne nous dissimula pas non plus que la loi sur l'expulsion des princes avait produit, à Alger, parmi les indigènes, un fâcheux effet.

Les uns avaient connu et apprécié les princes d'Orléans, les autres avaient reçu des bienfaits de l'empereur, en sorte que chaque soir, à la sortie des mosquées, après les exercices du ramadan, c'était le principal sujet de leurs conversations. Ils ne pouvaient pas comprendre, par exemple, comment un prince, qui a rendu à sa patrie des services assez éclatants pour mériter que sa statue ornât la place du Gouvernement, fût exilé sans cause apparente. Les Arabes, qui sont la stabilité même, trouvent que l'on sape aveuglément et que l'on détruit beaucoup sans remplacer ce qui s'écroule par des institutions meilleures.

Le salon dans lequel nous fûmes reçu et où la conversation s'engagea, est une grande pièce, allongée, meublée dans le goût oriental. Tout autour sont de larges divans recouverts d'étoffe de soie claire; le sol est revêtu de carreaux de faïence blancs et bleus. Par dérogation aux prescriptions du Coran, qui prohibe toute représentation d'un être animé, le portrait du père de notre hôte, peint à l'huile, est placé en évidence au milieu d'un panneau : ainsi, grâce à notre influence, de nouvelles idées commencent à s'introduire dans les dogmes réfractaires de l'islamisme. A côté du salon se trouve la bibliothèque, qui sert en même temps de cabinet de travail, car notre Maure est bibliophile et chaque année il augmente cette collection de livres commencée par son père. Il nous montre plusieurs manuscrits sur parchemin et sur vélin, avec enluminures. Une pièce à laquelle il attache beaucoup de prix et qu'il déroula devant nous, est une longue bande de vélin sur laquelle sont inscrits les titres et l'histoire de sa famille. Il nous proposa même de nous montrer la chambre de son épouse, faveur que nous n'aurions jamais sollicitée, sachant qu'il est de règle stricte, chez les Maures et chez les Arabes, de ne jamais parler des femmes, pas même de prononcer leur nom. Cette chambre, située en face du salon, de l'autre côté de la galerie, est meublée moitié à l'orientale, moitié à l'européenne. Il y avait un grand lit carré, protégé par un moustiquaire, et aéré par une petite lucarne percée dans le mur, pour établir un courant d'air. Les meubles étaient surchargés d'une quantité d'objets élégants, chers aux dames de tous les pays. Ce qui nous surprit le plus, ce fut d'apercevoir, au milieu de la pièce, une machine à coudre américaine sur laquelle était déposé un ouvrage commencé, d'où l'on pouvait conclure que la maîtresse de céans venait de quitter la chambre pour nous laisser toute liberté. Au rez-de-chaussée, autour de la cour, il y a une salle de bains, une cuisine, une chambre à four, un puits, en sorte que les femmes et les enfants n'ont aucun motif pour sortir de la maison. L'habitation est d'ailleurs bien tenue, très propre, peinte intérieurement de couleurs vives et partout décorée de majoliques formant d'élégants dessins. Enfin pour suppléer à l'insuffisance de notre description, nous ne pouvons mieux faire que de renvoyer le lecteur à la chromolithographie représentant un intérieur mauresque, dans l'ouvrage de M. Gaffarel sur l'Algérie (1).

Le maître de ce logis était mis avec beaucoup de soin, on peut même dire de recherche; la soie dominait partout dans son cos-

---

(1) Gaffarel, *L'Algérie;* Paris, 1885; p. 645.

tume ; son haïk et son burnous étaient d'un tissu de laine très fin. Sur sa tunique de soie, il portait la rosette d'officier du Nicham et le ruban violet d'officier d'Académie. Il nous parut qu'il aimait la France, et Paris où il se rendait tous les ans. Il possède aux environs d'Alger, dans la plaine de la Métidja, une ferme et une exploitation agricole dont il s'occupe activement. En résumé, c'est un type séduisant, qui donne une excellente idée de l'indigène instruit, riche et bien élevé.

Depuis longtemps nous avions le désir d'être initié à la cuisine indigène, lorsqu'une mauresque de notre connaissance voulut bien le satisfaire en nous conviant à déjeuner. Il était temps, car le ramadan qui approchait allait nous faire perdre l'occasion de satisfaire notre curiosité.

Un peu avant midi nous nous rendîmes à l'invitation. Trois couverts étaient préparés sur une de ces petites tables rondes et basses, recouvertes d'un plateau de métal, sur lesquelles on prend habituellement le café ; chaque convive avait devant lui une assiette, une serviette, et une large cuiller en corne d'hippopotame : quelquefois la cuiller est en écaille ou en bois. Ni fourchette, ni couteau. Il y avait sur la table, comme boisson, du lait dans une gargoulette, de l'eau dans un pot kabyle à double récipient; au milieu, une jatte de bananes et un vase rempli de branches de myrte et de peuplier blanc (*saf-saf* des Arabes) dont les feuilles ont, paraît-il, la propriété d'écarter les moustiques. Chacun de nous prit place, les jambes croisées, sur des coussins. Le repas commença par des œufs durs, après quoi chacun but quelques gorgées de lait. Puis on apporta le mets national, le couscoussou, qui était le plat de résistance. On sait que ce mets se compose de mouton ou de volaille, et d'une grosse semoule cuite à la vapeur dans le même récipient. On servit en même temps une poule cuite dans un bouillon qui, fortement épicé, devient une sauce appelée *mergha*, dont on humectait le couscoussou. La semoule, qui s'obtient par la mouture d'un froment d'excellente qualité, est quelquefois entremêlée d'amandes et de pistaches. L'usage de la fourchette et du couteau étant inconnu des Maures et des Arabes, on se sert de ses doigts avec plus ou moins d'adresse, la cuiller étant réservée pour les sauces et le couscous-sou ; c'est également avec les doigts que la viande est dépecée avant d'être servie sur la table. Le *ktaëf*, qui succéda comme entremets à la volaille, est fait d'une pâte longue, plate et sèche, dans le genre des nouilles, mais plus fine. Ce gâteau, cuit au beurre, doré sur les deux faces, aromatisé d'eau de fleurs d'oranger, se sert saupoudré de sucre et garni d'amandes concassées. Enfin une jatte de grosses mûres, cuites dans leur sirop comme des cerises, précéda le dessert, qui se composait de dattes, bananes, confitures d'oranges et gâteaux au miel. A partir du ktaëf, on enleva le lait qui fut remplacé par de l'eau. Le service était fait par une négresse qui parlait français. Nous prîmes enfin l'excellent café versé, selon l'usage, avec son marc, dans de très petites tasses et qui conserve un arôme exquis, grâce à l'instantanéité de sa préparation. Il va sans dire que la sieste s'ensuivit ; elle fait partie du régime. Le repas auquel nous avons pris part était très simple : nous n'avons pas besoin d'ajouter qu'il y en a de bien autrement compliqués.

En somme, la cuisine arabe est saine et nutritive ; les pâtes alimentaires préparées avec des farines de première qualité, comme en donnent les blés dans l'Algérie, y jouent un rôle prépondérant, dont le couscoussou est le facteur principal. On mange aussi, dans la classe moyenne, une grande quantité de poissons préparés avec des oignons, des raves et des tomates. Sous le ciel algérien, le lait, l'eau, le café, sont les boissons le mieux appropriées au climat. Chaque fois que nous avons suivi ce régime, nous devons reconnaître qu'il nous a bien réussi ; et M. le docteur Chabert, médecin principal de l'armée et médecin en chef de l'hôpital du Dey, à qui nous avons fait part de nos appréciations, les a confirmées par ses propres observations. Comme il a habité l'Algérie pendant plusieurs années, à diverses reprises, l'autorité qu'il a puisée dans sa longue expérience n'est pas contestable.

Des préparations gastronomiques qui nous ont semblé particulièrement appréciées des Maures sont celles qui se rattachent à la pâtisserie ; les femmes excellent dans cet art et en tirent un merveilleux parti. La fin du ramadan étant, pour les Arabes, une époque analogue à notre jour de l'an, chacun à ce moment se prépare à donner ou à recevoir des présents, en sorte que l'on confectionne à l'avance toutes sortes de pâtisseries ou de friandises. Dans la classe moyenne, du moins, il est d'usage de faire des cadeaux de cette nature aux fournisseurs, aux gens de service, et en général à toutes les personnes que l'on emploie. Les maisons mauresques et arabes, dans lesquelles nous avons pénétré à cette époque, nous ont paru transformées en ateliers de pâtisseries : on y préparait des gâteaux de toute forme et de toute espèce. C'est ainsi que nous avons pu en compter une vingtaine de variétés différentes, sucrées et non sucrées, dans une seule maison ; tout le personnel, maîtresses et servantes, était occupé à cette besogne. Les gâteaux non sucrés consistaient surtout en pâtes brisées, en forme de nœuds, avec un œuf entier dans sa coque au milieu. Les pâtes feuilletées se distinguaient par leur délicatesse et leur légèreté. Enfin les petits-fours sucrés nous parurent nombreux et très variés. Les amandes pilées, les pistaches, le sucre, la fleur d'oranger, sont les principaux condiments de ces préparations ; mais ce qui fait surtout leur mérite, c'est que l'on n'emploie que de la fine fleur de farine, et du beurre ou de la graisse de premier choix.

Il est certain que les indigènes ne sont nullement étrangers aux raffinements de la cuisine et qu'ils possèdent des recettes absolument originales dont l'ensemble peut être considéré comme un art. Il en est de même de leur pâtisserie et de leurs confitures qui sont admirablement préparées, mais trop souvent imprégnées d'une odeur de musc qui déplaît aux Européens et qu'ils aiment passionnément.

VI

LES FÊTES

Les fêtes, les divertissements, les distractions de toute espèce sont nombreux à Alger. Il y a peu de villes qui puissent, sous ce rapport, rivaliser avec la capitale de notre colonie, ce qui doit être attribué à la diversité des races, des religions, au climat et à la présence de nombreux étrangers.

L'un des spectacles les plus curieux est la *Fête des Fèves* (Aïd-el-foul), qui a lieu dans le courant du mois d'avril de chaque année et qui attire la partie la plus originale de la population, les négresses, les femmes kabyles et les mauresques. Cette fête a été si merveilleusement décrite par l'auteur d'*Une année dans le Sahel*, que nous n'essaierons pas d'y revenir ; nous nous bornerons à quelques traits qui nous ont plus particulièrement frappé, lorsque nous y assistâmes en compagnie de M. le docteur Jobert, professeur de physiologie à la Faculté des sciences de Dijon.

Un peu après midi, nous sommes montés dans un grand omnibus rempli de femmes arabes et mauresques : toutes étaient voilées, mais la plupart d'entre elles nous parurent disposées à rompre facilement l'incognito. Comment et par quel hasard nous étions-nous ainsi fourvoyés au milieu d'un véritable harem?... Nous ne saurions l'expliquer. Toujours est-il qu'il n'y avait d'hommes que nous dans cette réunion composée de douze à quinze femmes. Nous n'eûmes pas d'ailleurs à le regretter, car pendant le trajet ces dames se prêtèrent de bonne grâce à nos observations ethnologiques et répondirent sans réticences aux questions qu'il nous plut de leur adresser : plusieurs d'entre elles parlaient suffisamment français.

Pour célébrer cette fête printanière, qui paraît coïncider avec l'époque où les premières fèves entrent en maturité, les nègres ont fait choix d'une plage sinueuse, près des ateliers du chemin de fer, à Mustapha ; nul emplacement ne pouvait mieux convenir à cette cérémonie grotesque. Les acteurs principaux sont au bord de la mer ou adossés aux premières ondulations du sol, tandis que les spectateurs, au nombre de trois mille environ, sont disséminés sur une longue esplanade qui surplombe et d'où l'on découvre les eaux bleues de la baie d'un côté, et de l'autre la ville d'Alger. Une vingtaine de musiciens, tous de race noire, étaient groupés en demi-cercle au pied d'une petite falaise arrondie ; ils étaient munis de quatre sortes d'instruments : le gros tambourin ou plutôt la grosse caisse, sur laquelle ils frappent à tour de bras avec un rotin recourbé, le tam-tam, la guitare et les grandes castagnettes de fer, qui ont presque la dimension de nos cymbales. Cette instrumentation terrible, mise en mouvement par d'intrépides exécutants, produisait un bruit monotone, assourdissant, au milieu duquel dominaient les gros tambourins, et qui couvrait les gémissements des guitares que l'on n'entendait guère. Devant les musiciens étaient placés les danseurs, nègres et négresses, qui ne cessèrent de se trémousser et de gesticuler que lorsqu'ils furent, ainsi que l'orchestre, à bout de forces. Quant aux victimes du sacrifice (car il y a toujours un sacrifice et des victimes dans tous les rites), elles consistaient en un petit taureau, deux moutons, quatre poules, que nous ne pûmes apercevoir, tant était compacte la foule qui les entourait. Les danses durèrent pendant cinq heures environ.

Mais ce qu'il y avait de plus original et de plus attrayant dans ce tableau, c'était la foule des spectateurs qui circulait sur l'esplanade, et surtout des spectatrices qui pouvaient être au nombre de deux mille. Après avoir joui à satiété du spectacle des danses, les négresses et les mauresques avaient improvisé de petites tentes sous lesquelles les unes se reposaient, tandis que les autres prenaient du café ou lunchaient à la mode arabe. Deux négresses entièrement nues, et tout à fait sans préjugés, prirent même un bain de mer, à la grande joie des négrillons qui les pourchassaient. On nous offrit le café sous plusieurs tentes, et nous acceptâmes sans nous faire prier. Toutes les négresses étant à visage découvert, nous avons remarqué des types très accentués, des peaux noires d'un lustre étonnant, des poitrines opulentes et rigides, des torses puissants. Les mauresques, au contraire, étaient voilées. Quelques-unes, cependant, enlevèrent leur voile en même temps que le haïk lorsqu'elles furent sous la tente : la délicatesse de leurs traits, la sveltesse de leurs formes contrastaient, en général, avec la forte charpente et les membres athlétiques de la race nègre. Leurs yeux, dont l'éclat était rehaussé par le koheul, nous parurent remarquablement beaux.

En somme, nous avons assisté au spectacle le plus original que puisse rêver l'imagination d'un Européen. Cette foule bariolée de nègres, d'arabes et de femmes mauresques, ces vêtements blancs, bleus et rouges, cette profusion de bijoux éclatants, ce campement pittoresque, les eaux azurées de la baie, les collines verdoyantes du Sahel, et des troupes de chameaux défilant sur la route, le tout chaudement éclairé par un brillant soleil de printemps, composaient un tableau qui, de longtemps, ne s'effacera de notre mémoire. Ce qu'il y eut de plus étrange, c'est que notre retour s'effectua dans les mêmes conditions que notre arrivée ; ayant pris un véhicule au hasard, nous nous trouvâmes empilés, mon compagnon et moi, dans un grand omnibus, seuls de notre sexe, au milieu d'une douzaine de femmes kabyles, d'aussi bonne composition que les mauresques du matin.

A quelques jours de là, la section algérienne du club alpin, pour fêter l'arrivée des membres français, avait organisé une séance d'Aïssaouas, agrémentée de danses d'almées. A la faveur de notre qualité de touriste nous pûmes nous joindre aux nouveaux débarqués et nous rendre le soir, en leur compagnie, dans une grande maison arabe, dont la cour se prêtait assez bien à la circonstance. Mais il y eut une telle affluence de spectateurs que bientôt le local se trouva trop petit. Les hommes s'entassèrent comme ils purent dans la cour, serrés debout les uns contre les autres ; les dames, un peu mieux partagées, s'établirent en compagnie des danseuses sur la galerie du premier étage ; enfin d'autres spectatrices, négresses ou mauresques, s'empilèrent dans les chambres qui s'ouvraient sur la cour et comblèrent tous les vides, jusqu'à ceux des placards. Les musiciens, accroupis sur des coussins, se rangèrent en demi-cercle au fond de la cour et se mirent à préluder. L'orchestre se composait de six tambours de basque d'un grand diamètre, comme il est d'usage chez les Aïssaouas, de deux guitares et de deux *rebeb* ou altos à deux cordes. Ces musiciens, passablement barbares, entonnèrent un chant monotone d'une voix nasillarde en s'accompagnant de leurs instruments et bientôt les exercices commencèrent.

Deux Arabes se présentèrent, donnèrent l'accolade au chef de musique, et se mirent à balancer la tête de droite à gauche, par un mouvement de plus en plus rapide, en poussant des cris gutturaux en manière d'entraînement. Au bout de quelques minutes, le chef des musiciens leur tendit de larges feuilles de figuier de Barbarie (*cactus opuntia*), pourvues de leurs épines, sur lesquelles ils se précipitèrent et qu'ils dévorèrent à pleines dents. L'un des musiciens leur offrit alors, sur son tambour, un scorpion qu'ils semblèrent un instant se disputer ; à la fin l'un deux, après un court moment d'hésitation, saisit l'insecte, l'introduisit dans sa bouche et fît mine de l'avaler. Deux autres acteurs succédèrent aux premiers. Ceux-ci, en exécutant une sorte de pyrrhique tournante qui dissimulait une partie de leurs mouvements, se passèrent de longues aiguilles dans les joues, dans les oreilles, et même de grandes broches dans les flancs : il est vrai de dire que pas une gouttelette de sang ne jaillit. D'autres Arabes jouèrent avec le feu : l'un posa les mains et les pieds sur des fers rouges ; l'autre croqua des charbons ardents comme il l'eût fait de pralines, puis, saisissant un brandon d'herbes embrasées, il se flamba les cheveux, le visage et le haut du corps en souriant.

Enfin un dernier exécutant se présenta nu jusqu'à la ceinture. Le chef des musiciens lui remit un long yatagan, bien affilé, bien brillant ; après avoir fait éprouver la lame par les spectateurs, il pivota sur lui-même et rapidement se passa le tranchant sur l'abdomen, à plusieurs reprises ; enfin, pour couronner, il s'en frappa d'un grand coup l'épigastre. Nous le crûmes partagé en deux, mais il n'y eut pas même trace de coupure sur l'épiderme. L'émotion, néanmoins, fut grande parmi les spectateurs : l'un des assistants tomba même en syncope, et une grosse dame perchée sur la galerie se pâma et s'échoua dans les bras d'un voisin. Ajoutons, pour être véridique, que la température, qui était fort élevée, ne fut pas étrangère à ces incidents.

Que les disciples d'Aïssa aient reçu de leur maître le don d'accomplir des choses étranges, nous en doutons sans le contester; mais que les Aïssaouas qui ont opéré devant nous soient autres que des faiseurs de tours assez vulgaires, voilà ce que nous ne pouvons pas admettre. Ce sont des jongleurs et des prestidigitateurs, rien de plus. Nous ne croyons pas d'ailleurs que Messieurs du club alpin aient eu la prétention de nous montrer autre chose : il n'y avait rien, du reste, dans cette représentation, qui sentît même de loin le thaumaturge.

A ce moment de la soirée, il y eut un entr'acte de quelques instants pendant lequel chacun se remit de ses émotions, puis vint le tour des danseuses qui jusque-là étaient restées dans l'immobilité sur la galerie supérieure. Elles descendirent lentement et se posèrent gravement devant l'orchestre, dont la composition avait été modifiée : il ne resta plus qu'un joueur de rebeb, une guitare et un tambour de basque, qui à eux trois faisaient peu de bruit. La grande Fatma, comme on l'appelle, danseuse célèbre à Alger, précédait quatre autres ballerines ; arrivées au centre de l'assemblée, devant les musiciens, elles enlevèrent leurs voiles et leurs haïks, et comme l'espace réservé pour elles était très resserré, les Alpinistes les touchaient presque et les voyaient en tout cas de fort près.

La première danseuse, jolie brune d'une taille élégante, souple et gracieuse, avait un costume remarquablement riche et brillant. Elle portait une chemisette à larges manches, en gaze blanche étoilée d'or, avec des bandes de soie mauve. Le corsage à basques, en forme de caftan sans manches, était en soie blanche, brochée d'or et de dessins lilas. La ceinture d'or s'agrafait au moyen d'une boucle de pierres blanches et de grosses émeraudes. Le large pantalon bouffant, à fond blanc semé de petites fleurs de diverses couleurs, se serrait à la ceinture par un coulant de soie rouge et or. Les bas étaient de soie rose, les souliers de satin amarante ; les krôl-krâl, anneaux d'argent doré, ornaient le bas des jambes. Cette danseuse portait au cou un collier de perles à dix rangs, et plus bas un autre collier d'or et d'améthystes ; aux oreilles, de longs pendants en or et pierreries ; au bras droit, un large bracelet d'argent, d'orfévrerie kabyle ; au bras gauche, cinq ou six bracelets d'or ; et presque tous les doigts étaient, en outre, chargés de bagues. Mais ce qu'elle avait de particulièrement remarquable, c'était sa coiffure. Le derrière de la tête était recouvert d'un foulard de soie d'un violet pâle, à bandes d'or, qui tombait assez bas en arrière, laissant ressortir en avant des touffes de cheveux d'un beau noir. Au sommet de la tête, brillait un large diadème en argent et pierreries, élégamment penché du côté gauche ; sur le front, une ferronnière de pierreries et d'argent. Tout cet artifice de coiffure était traversé en arrière et retenu par une longue épingle d'argent dont la tête, représentant un large fleuron, se dressait coquettement au-dessus de l'oreille droite. Le costume des autres danseuses était dans le même goût.

L'orchestre ayant préludé par une sorte de cantilène expressive, Fatma se leva lentement, posa devant elle et noua autour de ses reins une écharpe en brocart et prit de chaque main un foulard. Elle les agita au-dessus de sa tête, et exécuta, presque sans déplacement, des petits pas gracieux, car la danse chez les Arabes consiste surtout dans des ondulations et le balancement plus ou moins lascif des hanches et du corps, avec des élévations de bras. La danse des almées, car c'était elle, nous parut fort calme ; elle pourrait au besoin être exécutée sur une table, tant elle demande peu d'espace. Pendant que la première danseuse se reposait, une seconde exécuta d'autres figures ; puis elles dansèrent à deux, et à la fin toutes ensemble. A chaque instant, les spectatrices indigènes donnaient des marques de satisfaction répétées : des galeries, des chambres, de tous les recoins de la maison partaient des *you, you, you, you !* petits cris qui équivalent aux applaudissements et aux bravos de nos théâtres.

Le spectacle avait duré deux heures ; à onze heures la foule s'écoula, emportant avec elle une impression agréable. MM. les Alpinistes s'empressèrent autour des danseuses qui, paraît-il, ouvrirent à ce moment leurs boudoirs et y donnèrent des séances intimes d'un grand attrait.

Les courses d'Alger ont aussi, dans un autre genre, le don de captiver puissamment l'intérêt : Européens et indigènes s'y rendent toujours en foule. Ce genre de sport occupe deux journées ; mais la première, cette fois, fut contrariée par la pluie, phénomène extrêmement rare sur la fin d'avril. L'entrée des tribunes ayant été offerte aux membres du club alpin, la plupart d'entre eux s'étaient rendus à cette invitation ; il n'y eut cependant que peu de monde à cause du mauvais temps : l'accès des tribunes, en particulier, ressemblait à un véritable marécage. Mais ici la pluie n'est jamais que passagère, en sorte que la seconde journée fut favorisée par un temps superbe ; aussi la population d'Alger, de Mustapha et de Saint-Eugène se porta en masse au champ de courses situé, comme on sait, au bord de la mer, à Mustapha. Dans la tribune d'honneur se trouvaient le gouverneur général, le général en chef du corps d'armée et plusieurs autres généraux, M. l'amiral Caroff, le préfet d'Alger, un grand nombre d'autorités enfin et de fonctionnaires. Les tribunes latérales contenaient aussi beaucoup de dames, d'étrangers, de personnages et de chefs arabes. Situé sur le champ de manœuvres, au bord de la mer, l'hippodrome de Mustapha est peut-être unique dans son genre, comme admirable emplacement. La piste, fort bien tenue et en parfait état, décrit une grande ellipse de 1,500 mètres. On découvre, depuis les tribunes, le panorama de la baie, du port et de la ville d'Alger, spectacle magnifique, par un beau rayon de soleil, mais bien plus merveilleux encore lorsque 15,000 spectateurs de races, de couleurs, de costumes différents y ajoutent le mouvement de la vie. Les courses offrirent elles-mêmes un réel intérêt ; mais l'attrait principal de la journée résidait dans la fantasia, qui fut exécutée en dernier lieu par un escadron de spahis.

Massés à l'un des pôles de l'ellipse, les cent cinquante cavaliers, avec le voile blanc retenu par le krit, le dolman rouge soutaché, la jupe bleue et le burnous rouge, produisaient un bel effet ; ils portaient le fusil passé en bandoulière. Au signal donné, l'escadron se porta à l'autre pôle de la piste, à la droite des spectateurs : le défilé s'opéra par files de huit cavaliers. L'escadron ayant tourné bride et fait volte-face, les exercices commencèrent. Les spahis lancèrent leurs chevaux au grand galop pour regagner l'autre extrémité du champ de courses, d'abord isolément, puis par deux, par quatre, et enfin par groupes de huit et dix, simulant une poursuite. En passant devant les tribunes, chaque spahi tirait un coup de feu et dégaînait. L'habileté consiste à exécuter ces divers mouvements presque instantanément: décharger le fusil, l'élever au-dessus de la tête, et dégaîner le sabre. Cet exercice dura environ une heure, pendant laquelle la musique des zouaves alterna avec celle des Mzabites. Cette dernière se composait uniquement d'un joueur de musette et de six tambours arabes de tons différents, en tout sept musiciens, mais qui faisaient du bruit comme vingt. Le joueur de musette en particulier, une fois ses joues gonflées comme deux outres, semblait ne pouvoir plus s'arrêter ; à chaque reprise, il fallait que l'ordonnateur des courses vînt le prier d'achever son morceau. En tête de ces musiciens flottaient, selon l'usage, trois étendards aux couleurs arabes surmontés du croissant.

Après les spahis, une troupe de Mzabites, appartenant à quelque corporation, exécuta à son tour une fantasia pédestre. Chaque figurant passait en courant devant les tribunes et déchargeait une arme à feu d'un modèle spécial, quelque peu suranné, ce qui donnait encore à cet exercice un cachet d'originalité. Ce sont des tromblons assez courts, qui se chargent au moyen d'une baguette d'après l'ancien système et qui paraissent être de fabrication mzabite ou kabyle. Tous les coups de feu de cette fantasia un peu rustique, comme la musique qui l'accompagnait, furent tirés en terre, sans doute par mesure de précaution, pour éviter les accidents qui pouvaient aisément se produire au milieu d'une foule compacte de plusieurs milliers d'indigènes se bousculant à qui mieux mieux. Tout se passa donc bien pendant les courses et pendant les exercices qui les suivirent; à part une ou deux chutes sans gravité, on n'eut à signaler aucun incident fâcheux.

En dehors de ces spectacles empreints de couleur locale, peut-être ne nous saura-t-on pas mauvais gré de consacrer quelques lignes aux distractions qui se retrouvent un peu partout, en Europe comme en Orient. Nous espérons que l'on ne trouvera pas déplacé ce que nous aurons à dire du théâtre, des concerts, et de quelques autres divertissements. Le grand théâtre d'Alger, où nous avons passé d'agréables soirées, est neuf et son installation est excellente. Le seul reproche qui pourrait lui être adressé, serait l'insuffisance de l'éclairage. Autrement, c'est une fort jolie salle de spectacles, avec un grand foyer au deuxième étage, deux buvettes et un fumoir. Nous avons remarqué que les dames ne s'y montrent pas sans toilette; la plupart de celles qui ornent le devant des loges sont en tenue de soirée, décolletées, et portent des fleurs dans leurs cheveux. Nous avons assisté, pendant notre séjour, à un certain nombre de représentations qui nous ont permis de juger que l'opéra est bien interprété au théâtre d'Alger ; la troupe lyrique nous a même paru supérieure à celles des théâtres de même ordre de la métropole. Entre autres pièces, nous avons entendu la *Jérusalem*, de Verdi, dont l'exécution a été presque irréprochable. Cependant le public, qui était nombreux, nous a paru un peu froid pour les interprètes, et pour cette œuvre magistrale qui renferme des beautés de premier ordre. Il est juste d'ajouter que l'on était à la fin de la saison théâtrale, que la chaleur commençait à se faire sentir, et personne n'ignore que dans les salles de théâtre l'enthousiasme est en raison inverse du calorique.

Un des plaisirs les plus goûtés, à Alger, est celui que procure la Société des concerts, qui se réunit au square de la place Bresson, trois ou quatre fois par semaine en été. Abrité sous un kiosque élevé, l'orchestre, composé d'instruments à cordes et à vent, n'exécute que des morceaux de choix, ouvertures d'opéras, suites de ballets, etc., d'après un programme très varié. L'emplacement est d'ailleurs on ne peut mieux choisi ; l'éclairage habilement distribué produit un effet féerique sur le feuillage des bambous, des palmiers et des eucalyptus. De plus on y jouit de la vue de la mer qui emprunte un grand charme au clair de lune ; aussi ces soirées en plein air sont-elles très recherchées par le monde élégant et par les dilettantes. On y vient en foule, tellement que le square nous a semblé parfois trop étroit. Pendant le mois de juillet, notamment, nous avons trouvé ces soirées infiniment agréables. Après une journée brûlante et un peu lourde, comme il arrive souvent à Alger pendant l'été, nous éprouvions un grand plaisir à entendre l'excellente musique dans des conditions aussi favorables. De huit à neuf heures du soir, la brise de mer se lève, une fraîcheur délicieuse se répand autour de vous et tous les sens sont agréablement impressionnés. Comment ne se plairait-on pas à ces concerts ? Aussi les Européens s'y rendent en foule, et les Arabes eux-mêmes commencent à y prendre goût, quoique leur oreille, habituée aux accents d'une musique simple et primitive, soit un peu déroutée par l'instrumentation savante de cette société artistique.

Au risque même de passer, aux yeux du lecteur, pour un coureur de guinguettes, nous le conduirons au Climat des Roses, café-restaurant placé au milieu d'un grand jardin en dehors de la ville, dans un site exceptionnellement pittoresque. Il nous a semblé qu'il y avait là de la couleur locale et le chemin qui conduit à ce café n'est pas dépourvu d'agrément.

En sortant de la ville par la porte Bab-el-Oued, on tourne à gauche et l'on s'engage sur une route en pente douce qui, traversant le Frais-Vallon, aboutit au sommet de la Bouzaréa. Sur la droite, au delà du ravin, on aperçoit des montagnes abruptes d'un aspect particulier dont les pentes rocheuses sont revêtues en grande partie d'arbustes et de gazon. Au pied de ces collines est un cimetière israélite reconnaissable à ses tombes blanches qui, de loin, ressemblent à d'humbles tumuli. Un peu plus loin, on passe devant un cimetière musulman ; car les deux cultes ennemis se sont trouvés d'accord pour choisir ces lieux frais et retirés comme dernière demeure. En avançant, les accidents de terrain s'accentuent tellement à l'entrée du Frais-Vallon, les coupures du Sahel deviennent si abruptes, que ces coteaux prennent l'aspect de petites montagnes encore cultivées à leur base, tandis que leurs sommets ne sont plus accessibles qu'aux troupeaux de chèvres qui les émaillent de taches blanchâtres.

Le café-restaurant du Climat des Roses est situé au milieu de ce paysage agreste : il est fréquenté par les jeunes gens d'Alger et par les femmes indigènes. Mais ce qui lui donne infiniment d'agrément, outre son cadre pittoresque, c'est un grand et beau jardin, planté d'une quantité d'arbustes et de végétaux d'ornement propres au climat algérien, qui s'étend par gradins successifs jusqu'au versant opposé. Il se donne en ce lieu de plaisance des bals champêtres et des fêtes de nuit qui sont fort suivis : il en est de même au Jardin Marengo. Citons encore le restaurant du Château-Vert, à Saint-Eugène, d'où l'on jouit d'un coup d'œil admirable sur la Méditerranée.

Enfin pour donner au lecteur une idée du mouvement incroyable de fêtes et de plaisirs qui règne dans la capitale de l'Algérie, nous citerons, dans la même journée, une kermesse au cercle militaire, un bal d'enfants, une fête de nuit au Jardin Marengo, et dans la soirée un grand bal au cercle militaire. En sorte que la kermesse ayant commencé à deux heures après midi, et le bal s'étant prolongé jusqu'à quatre heures du matin, il y eut fête sans interruption pendant quatorze heures consécutives. Aussi les étrangers qui cherchent le plaisir n'hésitent-ils pas, d'un commun accord, à donner à la capitale de notre colonie le premier rang après Paris.

VII

LES FEMMES

Autant qu'il nous a été permis d'en juger, l'élément indigène ne cherche plus à combattre ouvertement et violemment la domination française ; en apparence, il semble résigné. Dans les villes, l'Arabe et le nègre se contentent de conspirer, avec une ténacité sans égale, contre la bourse des Français, des *roumi*, comme ils nous appellent ; c'est un guet-apens soigneusement organisé qu'ils pratiquent largement et sans mesure ! Ainsi à Alger, il est impossible à un Européen de mettre le nez dehors sans être aussitôt assailli par une nuée de quémandeurs de toute espèce. Les commissionnaires, les cireurs de bottes, les cochers, les fleuristes, les marchands d'allumettes, les gamines qui mendient et vingt autres industriels du même genre, ont constamment les yeux braqués sur vous : ils interrogent votre regard, ils sondent votre pensée, et à peine avez-vous mis le pied sur le trottoir qu'ils s'ingénient à vous dévaliser. Sous ce rapport, les peuplades du nord de l'Afrique, qu'elles soient de la branche hamitique ou du rameau sémitique, nous semblent douées d'un flair de premier ordre ; mais les femmes ont encore la supériorité. Ce n'est pas que nous nous plaisions à en médire, car elles ont des qualités que nous aimons à reconnaître ; mais il faut bien rendre hommage à la vérité.

Il y a, nous a-t-on dit, dans la ville et la banlieue d'Alger, environ deux mille femmes, dans la seule catégorie des mauresques, qui pratiquent la vie galante à tous les degrés. Pour elles, naturellement, la bourse des *roumi* est le point de mire invariable, en sorte qu'elles entrent pour une bonne part dans cette conspiration tacite dont nous avons parlé plus haut. Toutes les mauresques que l'on rencontre dans les rues sont des femmes galantes, celles qui sont mariées ou chastes ne sortant jamais.

Si elles savent quelques mots de français, la liaison s'opère aisément ; toutefois, comme elles sont surveillées par leurs coreligionnaires, il faut user de discrétion dans les lieux publics.

Nous avions le désir d'étudier le costume et les cosmétiques des femmes indigènes, quand le hasard nous mit en rapport avec plusieurs danseuses qui voulurent bien se prêter à notre fantaisie ; seulement ce ne fut pas chose facile que de les recevoir chez nous. Sous le prétexte que les femmes pudiques ne sortent jamais, l'entrée des hôtels est interdite à toute personne du sexe qui porte le voile et le haïk. Par exception, notre hôtelier, parfaitement convaincu de la pureté de nos motifs, voulut bien consentir à déroger à la règle, mais il eut grand soin de se prévaloir de cette complaisance, qui ne provoqua d'ailleurs aucune révolution dans sa maison.

Précédemment, à propos de la danse des almées, nous avons dépeint le costume d'apparat de la première danseuse ; celui de la mauresque que nous avions devant nous étant à peu près identique, nous ne reproduirons pas cette description dans tous ses détails. C'était un genre de coiffure analogue, la même profusion de colliers, de bagues, de bracelets aux bras et aux jambes, une égale richesse de diadème, de boucles d'oreilles, de ceinturon. Nous remarquons seulement que le haïk est en soie blanche brochée, le voile en batiste brodée, le mouchoir de main en soie grège, et qu'elle porte sur la peau une chemise française de fine batiste brodée, par-dessus un petit cache-corset blanc, et la chemise arabe en tulle avec bandes de soie mauve. Elle avait deux sérouals ou larges pantalons bouffants, dont un très ample puisqu'il ne comportait pas moins de onze mètres d'étoffe. Son caftan, en moire blanche semée de fleurs mauves, était d'une coupe élégante, à manches ouvertes, un peu larges, bordées de galon d'argent et de boutons de métal brillant.

Notre conversation roula principalement sur les cosmétiques dont les femmes indigènes font usage. Nous avons eu plus tard l'occasion de faire contrôler les informations ainsi recueillies par plusieurs personnes compétentes, notamment par M. Letourneux, conseiller honoraire à la cour d'Alger, par M. Lauras, pharmacien, et par M. Niggi, droguiste.

Toutes les femmes arabes et kabyles se teignent uniformément les cheveux en noir, coloration qui s'adapte très bien à leur teint mat et légèrement bistré. La lotion se compose de noix de galle, réduite en poudre ou concassée, d'oxyde de cuivre et de sulfate de fer (Lauras). Une autre formule est la suivante : noix de galle, 3 parties ; hadida, 1 partie ; le tout délayé dans une quantité suffisante d'huile d'olives et passé sur le feu. L'hadida est un alliage de sulfure d'antimoine et de pyrite de cuivre (Letourneux). La teinture s'applique au moyen d'une brosse ou d'une éponge, et ce sont en général les négresses des bains maures qui sont chargées de ce soin. Nous pouvons ajouter que nous n'avons pas remarqué chez les femmes indigènes que nous avons vues de belles chevelures, longues, souples et soyeuses, comme il en existe chez nous.

La même mixture s'emploie pour les sourcils, dont elles ont aussi grand soin et qui donnent à leur physionomie une expression étrange ; en général, elles les accentuent fortement.

Mais un cosmétique dont l'usage est journalier est le *koheul,* ou keuhl, poudre très fine qui sert à noircir le bord des paupières. Suivant M. Letourneux, le koheul est du sulfure de plomb natif ou galène, pulvérisé : selon M. Niggi, c'est du sulfate de zinc. D'après le général Daumas, la base de cette préparation est le sulfure d'antimoine, combiné en égales proportions avec du sulfate de cuivre, de l'alun calciné, du carbonate de cuivre et des clous de girofle, le tout réduit en poudre fine dans un mortier ; on y joint du noir de fumée comme matière colorante. On passe au tamis fin et l'on conserve le mélange dans une petite fiole ou *mekhalel.* Selon d'autres, c'est du noir de fumée d'oliban. Le koheul s'applique au moyen d'un petit bâtonnet de bois parfaitement poli (miroued), ou d'une épine de porc-épic, que l'on passe avec précaution entre les deux paupières et qui colore en noir bleuâtre la partie nue où naissent les cils. L'emploi de ce cosmétique palpébral est indiqué par le Coran : c'est une des dix prescriptions relatives au corps, dont cinq obligatoires et cinq facultatives. Les premières imposent de se couper les ongles, de s'arracher les poils des aisselles, de se raser toutes les autres parties, de pratiquer la circoncision, de se couper les moustaches à la hauteur de la lèvre supérieure. Les autres consistent dans l'usage du koheul, du henné, du souak, et dans les ablutions. Le koheul préserve des ophthalmies, arrête l'écoulement des larmes et donne à la vue plus de limpidité; ce qui est certain, c'est qu'il ajoute au regard de l'éclat et de l'expression. On retrouve l'emploi de cette poudre chez tous les peuples musulmans, arabes, indiens, persans, turcs et nègres; chez tous ceux enfin qui sont exposés aux rayons éclatants du soleil et à la réverbération de la lumière sur le sable.

Pour blanchir les dents et rougir les lèvres, les femmes indigènes mâchent le *souak*, qui n'est autre chose que l'écorce de la racine du noyer.

Une autre teinture, dont l'usage est général, est le *henné*, avec lequel elles se colorent les ongles des mains et des pieds, l'intérieur des mains, et quelquefois la main entière jusqu'au poignet. Le henné se prépare avec les feuilles pulvérisées du *lawsonia inermis*, arbrisseau de la famille des lythrariées, très répandu en Egypte, en Arabie, et cultivé maintenant avec succès à Blida. Cette poudre donne une mixture d'un rouge-orange ou brune, dont l'application se fait généralement aux bains maures; elle est d'une grande ténacité, car on retrouverait sa trace visible sur des momies qui datent de plusieurs siècles. Le henné est le *cyprus* des anciens. Quelques élégantes se fardent en outre avec du blanc de zinc au lieu de poudre de riz dont elles ne se servent pas; enfin elles portent de légers tatouages bleus ou rouges entre les sourcils, sur le front et les bras : mais ce dernier embellissement est particulier aux femmes kabyles et arabes.

La pâte épilatoire est également d'un emploi permanent, puisqu'elle concourt à l'accomplissement des prescriptions du Coran; on la trouve dans tous les bains maures et chez la plupart des mauresques. Suivant M. Letourneux, elle se prépare avec la chaux vive, le sulfure jaune d'arsenic (ou orpiment), et le savon vert : c'est le *rusma* ou savon épilatoire des Turcs. D'après M. Lauras, il entre dans la composition de cette pâte : de la chaux, du sulfure d'arsenic, du savon et de l'huile. Suivant M. Perron, on emploie du réalgar, de l'orpiment et de la chaux. L'onguent que l'on obtient ainsi, et que l'on nomme *noûra*, a des propriétés très actives, quelquefois même instantanées, suivant la composition, et s'applique le soir pour opérer pendant la nuit.

Les soins du corps sont recherchés et scrupuleux chez les mauresques, qui ne négligent jamais les ablutions hygiéniques recommandées quotidiennement par le Coran. Leur propreté est donc raffinée et, comme leur existence s'écoule généralement dans l'oisiveté, elles consument le temps dans les soins minutieux qu'elles donnent à leur toilette. Leur grande ressource contre l'ennui c'est le bain maure, où elles se retrouvent, apprennent ou portent les nouvelles, étalent et font admirer leurs bijoux et, comme partout, médisent de leur prochain. Le bain maure, pour les femmes, est un lieu de repos, de causerie, d'amusement, comme les cafés le sont pour les hommes : elles y fument des cigarettes, car le narguilhé est à peu près passé de mode, elles y prennent du café ou du thé, y font la sieste et y complètent leur toilette, par le ministère des négresses qui appliquent tous les cosmétiques recommandés ou non par le Coran. Ce passe-temps est tellement recherché que beaucoup de femmes fréquentent tous les jours ces établissements, lorsqu'elles en ont la liberté : il y a les habituées.

Le costume des mauresques d'Alger, ainsi que leur parure, peuvent varier dans quelques détails, mais au fond sont toujours les mêmes, et ce qui domine chez elles c'est un goût prononcé pour les bijoux.

Nous citerons encore un exemple, pour compléter ce qui est relatif au sujet, celui d'une autre danseuse à la mode, Zora, renommée dans la ville pour sa grâce et pour sa beauté. Sa toilette ne différait guère que par des nuances de celles que nous avons décrites plus haut ; ses bras étaient chargés d'une douzaine de bracelets ; elle portait au cou un collier de perles à plusieurs rangs, et un second en pièces d'or de quarante et cent francs qui tombait un peu plus bas. Contrairement à l'usage des mauresques, elle n'avait ni les mains, ni les ongles teints de henné; ceux des pieds, seuls, avaient reçu cette couleur. De toutes les bayadères que nous avons vues, il nous a semblé que c'était l'une des plus jolies, des plus élégantes et des plus recherchées. Nous avons observé, dans une autre circonstance, deux almées qui se rendaient à un mariage, dans tout l'éclat de leurs parures : elles portaient, selon l'usage, un diadème de pierreries, une ferronnière, un collier magnifique, des bagues, des bracelets et de gros cercles d'or aux jambes, enfin une profusion de bijoux. Leur visage, pour comble d'élégance, était orné de quelques paillettes d'or, en guise de mouches. Leurs négresses elles-mêmes, qui participaient à la fête, étaient mises avec une certaine recherche.

Les appartements occupés par les femmes ont tous à peu près le même ameublement : les uns se composent d'un salon et d'une chambre à coucher, les autres n'ont qu'une seule pièce. Voici la description de l'une d'elles, que nous avons eu l'occasion de visiter et dans laquelle les modes de l'Europe se mariaient à celles de l'Orient. L'une des extrémités se trouvait occupée par un grand lit carré, avec baldaquin et rideaux de mousseline formant moustiquaire. Le carrelage était recouvert de tapis; autour de la pièce, le long des murs, des matelas peu épais, avec coussins pour soutenir les reins et la tête, puis des divans, des ottomanes, et au milieu un grand plateau de métal, monté sur pied, sur lequel on sert les repas et le café. Au plafond pendait une riche lanterne, dans le goût arabe. Les murs, lavés à la chaux teintée de bleu clair, étaient décorés par une glace à cadre doré, et par quelques esquisses d'artistes indigènes, représentant la Mecque, Constantinople, le Caire, si l'on peut donner ce nom à des lithographies primitives, auprès desquelles nos images d'Epinal paraîtraient d'excellentes gravures : ce sont des dessins sur bois dans le genre des vieilles estampes du xvi° siècle. Le surplus de l'ameublement semblait européen, mais sans chaises ni fauteuils; on y remarquait seulement une pendule.

Une autre fois, nous avons rendu visite à deux sœurs qui habitent une belle maison arabe, construite sur le même plan que toutes les autres ; les femmes de service étaient installées dans la cour où elles préparaient la cuisine. Etant monté à la galerie supérieure, nous avons été introduit dans la chambre de l'aînée des deux sœurs. Encore ici, l'appartement était meublé moitié à l'orientale, moitié à l'européenne : dans le fond, un grand lit presque carré, protégé par un moustiquaire ; autour de la pièce, des divans, de grandes glaces ; sur le sol carrelé, des tapis, des nattes, des coussins de toutes grandeurs. Nous remarquâmes, sur une commode en bois de thuya, des vases de fleurs artificielles, dont les couleurs d'une étonnante vivacité dépassaient tout ce que l'on peut imaginer ; on y voyait aussi une quantité de coffrets, de coupes, et au milieu une pendule à musique dont on se hâta, pour nous faire honneur, de mettre le mécanisme en mouvement. A peine avions-nous pris place sur les coussins, qu'une jeune mzabite à peau jaune servit devant nous le café traditionnel, mais aucune des personnes présentes n'y toucha, à cause du jeûne du ramadan. Une petite fille de trois à quatre ans, appartenant à l'une des deux sœurs, et coiffée d'une étroite calotte de velours à gland d'or, nous fut présentée. Nous entrâmes ensuite dans la chambre de la cadette, meublée dans le même goût que celle de sa sœur aînée. Ici encore on fit jouer la pendule à musique, et l'on servit, autour d'un aquarium dans lequel nageaient des poissons rouges, de petites poires indigènes et des nèfles du Japon. On voit que cette demeure est disposée pour les réceptions du soir, car les lanternes vénitiennes sont toutes prêtes sous les galeries ; des guirlandes de mousse et de feuillage relient les arcades et des plantes grimpantes courent le long des colonnades et des piliers. Entre les ogives, des cages en épines de porc-épic renferment des rossignols et autres oiseaux chanteurs. Dans toutes les chambres il y a, contre les murs, des tambours de basque, des guitares, des castagnettes, et divers instruments de musique indiquant que l'on n'engendre pas la mélancolie dans ce séjour, où tout est préparé pour la danse, le chant et le plaisir.

En résumé, ce que nous avons trouvé de plus remarquable chez la mauresque d'Alger, c'est la beauté de ses yeux, relevée par le koheul, la douceur de sa voix, la souplesse de son caractère ; on peut louer aussi leur équanimité, leur résignation, et chez plusieurs d'entre elles l'habileté, la finesse, la pénétration. Elles aiment beaucoup les fleurs et connaissent même les propriétés des plantes. Lorsqu'elles reviennent du bain, où les femmes procèdent, comme nous l'avons dit, aux soins multiples de leur toilette, elles mettent sur leur poitrine des guirlandes de fleurs à parfum violent et s'étendent sur des coussins pour y faire la sieste ; ainsi posées, la tête enveloppée dans des linges blancs, le corps recouvert par un haïk bleu-clair, elles ressemblent à des nonnes endormies. En outre, ces femmes ne sont ni bruyantes, ni libres dans leurs propos ou leurs manières, ni adonnées à l'intempérance : jamais nous ne les avons vu prendre ni vin ni liqueurs ; l'inoffensive limonade semblait être, après le café, le breuvage qu'elles préféraient. Pendant tout le mois de ramadan, elles ont pratiqué le jeûne avec une scrupuleuse exactitude, et l'idée ne leur viendrait pas de commettre la moindre infraction aux prescriptions de leur religion. Elles portent fréquemment des amulettes renfermées dans des étuis d'argent suspendus au côté par un cordon de soie : ce sont, le plus souvent, des versets du Coran destinés à préserver des maladies. Lorsqu'elles s'abordent en échangeant les formules de politesse, la plus jeune touche la main de la plus âgée, puis fait le simulacre d'approcher la sienne de ses lèvres et de la baiser : c'est l'accompagnement du salut arabe.

Pour compléter nos informations relatives aux ajustements du beau sexe indigène, nous avons cherché, pendant notre séjour, à voir des femmes appartenant à la tribu des Ouled-Naïls, mais nos efforts ont été infructueux et nous n'avons pu en découvrir à Alger, où elles viennent rarement, paraît-il, depuis que les kabyles leur font concurrence et les ont pour ainsi dire supplantées. C'est ainsi que, dans la lutte pour la vie, certaines espèces sont expulsées et remplacées par d'autres races. Nous ne pouvons donc que reproduire ici ce que nous avons recueilli près de voyageurs plus heureux, notamment près de M. le comte Dœnhoff, qui les a vues dans un récent voyage à Biskra, et par M. Valby, qui eut l'occasion de les observer à Gardaïa. On sait que les filles de cette tribu errante, qui se déplace sur un vaste espace, de l'Aurès aux frontières de la Tunisie, et de Biskra à Tougourt, font un métier avoué et parfaitement autorisé de la prostitution. A peine nubiles, elles quittent les tentes de leur famille pour voyager, et parcourant le nord de l'Afrique, de la Tunisie aux frontières du Maroc, elles exercent pendant plusieurs années leur singulière industrie jusqu'à ce qu'elles aient amassé une somme d'argent qui leur permette de trouver un époux en rentrant sous la khéïma paternelle. A Boghari, Bou-Sâada, Biskra, Gardaïa et d'autres petits centres de population, des rues entières sont exclusivement habitées par les Ouled-Naïls. Ces femmes se tiennent sur la porte de leurs maisons, parées comme des idoles et déployant un luxe inimaginable. Tout ce qu'elles possèdent, elles le portent sur leur corps : riches vêtements, bijoux de prix, colliers de pièces d'or et de perles, amulettes, bracelets, bagues, boucles d'oreilles, diadèmes et ornements du front, tresses en poils de chameau ou de laine entremêlées à leur chevelure, tout concourt à former un accoutrement étrange, prestigieux, qui impressionne vivement. Immobiles sur le seuil de leur demeure, frappées en plein par le soleil qu'elles ne paraissent pas redouter et qui les détache en lumière sur la pénombre du fond, elles ressemblent à des statues égyptiennes et sont peut-être plus étonnantes encore. Mais leur intérieur ne répond pas à cette mise en scène du dehors ; sauf le lit qui est passable, le reste est généralement misérable. Un petit escalier conduit à la pièce haute de ces masures dont l'aspect extérieur fait penser aux habitations primitives des troglodytes. On y trouve parfois, il faut bien le dire, une mère avec sa fille âgée d'une douzaine d'années, exerçant de concert, comme un droit naturel et qui leur appartient, cette profession bizarre. Les Ouled-Naïls sont fardées et tatouées ; leurs mains et leurs pieds sont teints de henné. Leur coiffure, qu'elles se plaisent à exagérer au moyen de tresses de laine ou de poils de chameau, outre le turban, les voiles et le diadème, donne à leur tête une apparence énorme. Souvent elles y suspendent encore des colliers de pièces d'or, comme sur leur poitrine, des pendeloques ornées du croissant, des ornements de filigrane figurant près des joues de gros pendants d'oreilles, et des chaînes d'or qui descendent sous le menton, semblables à de longues gourmettes ou à des jugulaires. A l'entrée de la nuit et pendant la soirée, on les voit sur leur seuil, tenant une lanterne à la main ; les Arabes, habitués à ce spectacle qui ne les émeut guère, se promènent gravement dans la rue enveloppés de leurs burnous blancs. Cette scène sur la limite du désert, ces mœurs si étranges, sont bien faites pour frapper les Européens, et ce luxe insensé d'étoffes, de bijoux, de couleurs éclatantes, contraste d'une manière peu flatteuse avec leurs vêtements sombres et étriqués, qui ne brillent pas dans ce milieu.

Le tableau que nous avons essayé d'esquisser ne serait pas complet si nous ne disions quelques mots des Juives. On sait que les israélites sont très nombreux en Algérie et qu'ils se sont considérablement multipliés depuis la colonisation française ; à Alger seulement, il en existe 10,000. C'est le samedi surtout qu'il est aisé, pour un étranger, de se rendre compte de l'accroissement qu'a pris cette fraction de la population dans la capitale de l'Algérie et sa banlieue. On peut remarquer d'abord qu'une bonne moitié des magasins est fermée, et tous les Juifs se promènent en habits de fête, les femmes, naturellement, parées de leurs plus beaux atours. Beaucoup d'entre eux ont conservé le costume traditionnel : celui des hommes est à peu près copié sur les Turcs, les Syriens, les Arméniens ; celui des femmes, sous certains rapports, se rapproche des Européennes, mais en général, elles aiment les étoffes de couleurs claires et voyantes. Ainsi, nous avons remarqué souvent des robes de soie mauves, lilas ou vertes. Le devant du corsage est garni d'un plastron orné de broderies de fils d'or, très brillant ; sur leurs épaules elles attachent un schall de crêpe de Chine blanc. Leur coiffure se compose d'un foulard de soie noire, serré sur le front qu'il enveloppe de manière à cacher entièrement les cheveux, et par-dessus, d'un autre foulard de soie, plus long, à broderies d'or ou d'argent, dont les deux pointes et les effilés retombent en arrière. En outre, elles portent des souliers de satin blanc, des colliers de pierreries, des bagues très apparentes, bref, une quantité de bijoux ; car elles mettent leur amour-propre à ne pas se montrer inférieures aux mauresques sous ce rapport. Il en est même qui exhibent, dans la rue, des robes de brocart, broché d'or. Aujourd'hui, beaucoup de jeunes filles juives abandonnent l'ancien costume traditionnel pour adopter les modes françaises ; on peut le regretter, car au point de vue artistique et pittoresque, l'Algérie ne gagnera pas à ce délaissement par les israélites des costumes de leurs pères et à cet engouement pour les modes européennes, quelle que soit leur élégance. Dans les fêtes, au milieu des foules, le costume juif, mêlé aux vêtements des Arabes et des nègres, produit un très bel effet. Mais les modes parisiennes sont si séduisantes !...

Si l'on examine la juive d'Alger au point de vue plastique, on constatera qu'il en existe de jolies, mais que les femmes réellement belles y sont en petit nombre. Sujettes à des ophthalmies granuleuses qui les obligent à lever la tête et à cligner les yeux, elles contractent une attitude et un cillement des paupières pour ainsi dire caractéristiques. A moins d'être très jeunes, elles n'ont pas la grâce naturelle des mauresques ; de bonne heure, elles deviennent massives ; elles prennent une démarche un peu lourde, et comme elles se redressent beaucoup pour regarder, il en résulte que leur abdomen, naturellement proéminent, est porté très en avant.

A Bou-Sâada, les juives ont adopté le costume arabe : moins chargées d'ornements qu'ailleurs, elles sont tatouées et entrelacent des tresses volumineuses à leurs propres cheveux ; du reste on les dit assez jolies, quoique leur teint soit bistré.

VIII

LES EXCURSIONS

Pendant notre séjour en Algérie, nous eûmes la bonne fortune de nouer des relations avec la plupart des professeurs de l'école supérieure des sciences et avec quelques savants, libres d'attache officielle, dont nous avons cité les noms, sans ordre de préséance, à mesure qu'ils se présentèrent dans notre récit. Nous ne saurions toutefois nous engager dans le Sahel, où nous avons fait tant d'agréables promenades, sans parler encore du savant doyen des botanistes algériens, qui veut bien se constituer le cicérone de tous les amis des sciences naturelles.

Italien d'origine et fixé en Algérie depuis nombre d'années, M. Durando est professeur municipal de botanique dans la capitale de notre colonie, et l'on peut dire qu'en lui confiant ces attributions, que nul ne pouvait mieux remplir, la municipalité d'Alger a fait preuve d'intelligence et d'impartialité. M. Durando ayant consacré sa vie entière à l'étude des plantes, et trente-cinq ans à celles du nord de l'Afrique, possède à fond la connaissance d'une flore qui n'a plus de secrets pour lui. Le conseil de la ville en a profité pour répandre le goût d'une science agréable, non seulement parmi les habitants, mais aussi parmi les étrangers que la richesse et la nouveauté de la végétation peuvent retenir en Algérie. Pour répondre à ce vœu, M. Durando a organisé des herborisations hebdomadaires, ouvertes à tout le monde, et qui, par la variété des localités visitées, permettent au botaniste d'être initié en quelques mois à la flore du Sahel, de la Métidja et de l'Atlas. C'est une très heureuse idée et ce qui le démontre, c'est qu'à chaque exploration nouvelle le nombre des excursionnistes va toujours croissant. Doué d'une mémoire sûre et d'un coup d'œil infaillible, l'obligeant professeur se met à la disposition de tous pour déterminer les plantes et en indiquer les propriétés; les végétaux exotiques, comme les types indigènes, lui sont également familiers; il peut dire avec le psalmiste : « pulchritudo agri mecum est. »

Sur les vingt-cinq excursions qu'il organise annuellement, nous nous bornerons à citer les points principaux vers lesquels ces courses intéressantes et fructueuses sont dirigées. Dans le Sahel : le bois de Boulogne, Kouba et Birmandreis, Hussein-Dey, Fontaine-Fraîche, la forêt d'Aïn-Baïnen, les dunes de Guyotville, Staouéli, le Grand-Rocher, le cap Caxine, Frais-Vallon, Bouzaréa, Cherchell. Dans la plaine de la Métidja : Maison-Carrée, les rives de l'Harrach, le cap Matifou, le Fondouk et le barrage-réservoir du Hamiz, qui emmagasine 140,000,000 de mètres cubes d'eau, le bourg de l'Arba, l'oued Djemâa, l'embouchure du Boudouaou. Dans les massifs tourmentés de l'Atlas : Palestro, les cèdres de Blida, Hammam-Rhira (600 mètres), les gorges de la Chiffa, Miliana et le Zaccar à la double cime (1527 et 1580 mètres), la forêt de cèdres de Téniet-el-Hâad (1,600 mètres), les gorges des Issers, le

Tigrimont (1,030 mètres), le Bou-Zegra (1,033 mètres); enfin, Hammam-Melouan ou les bains bigarrés (allusion à la couleur des roches). Telles sont les stations principales tour à tour explorées par les botanistes, les géologues et les zoologistes que le savant professeur entraîne à sa suite. En général, chaque excursion prend une journée; quelques-unes, cependant, durent deux ou trois jours. Lorsqu'en 1882 les excursionnistes sont allés à Saïda (900 mètres), au Kreider (985 mètres), et à Méchéria (1,110 mètres), c'est-à-dire sur les hauts plateaux de la province d'Oran, l'herborisation s'est prolongée pendant sept jours. On peut donc dire de M. Durando que c'est un des plus intrépides vulgarisateurs de l'Algérie, comme il en est aussi le plus avenant.

LA BOUZARÉA

Dès notre arrivée on nous avait recommandé, pour notre début, l'ascension de la Bouzaréa, point culminant des collines du Sahel d'Alger, dont la faible altitude ne dépasse guère quatre cents et quelques mètres. M. Durando voulut bien nous servir de guide, et nous sommes partis, vers midi, par une belle journée d'avril.

A peine a-t-on dépassé l'enceinte de la ville, par la porte du Sahel, que l'on trouve des deux côtés de la route des bosquets d'eucalyptus autrefois plantés par le général Farre, alors chef du service du génie ; les abords en sont protégés par de grands agavés qui n'ont pas encore perdu leur hampe florale et par d'énormes cactus opuntias ou figuiers de Barbarie. Un peu plus loin, près de Fort-l'Empereur, on traverse un bois de pins d'Alep, et sur les côtés du chemin le jujubier commence à apparaître au milieu des haies, où s'enlacent la clématite (*clematis cirrhosa*) et la salsepareille (*smilax mauritanica*). A cette hauteur, entre Fort-l'Empereur et El-Biar, l'on a, d'un côté, le splendide panorama de la baie, de la ville et de sa banlieue, et de l'autre, le ravin pittoresque si justement nommé Frais-Vallon. A cette époque de l'année, en effet, on ne peut rien imaginer de plus frais et de plus gracieux que ce vallon, dont les pentes sont de longues prairies ombragées d'arbres et d'arbustes, accidentées çà et là par des rochers de micaschistes et arrosées par un torrent dont les eaux coulent lentement vers la mer : M. Bory de Saint-Vincent, en voyant ce vallon, a cru se retrouver aux Canaries. Le gazon qui tapisse les deux versants du ravin est littéralement constellé par des myriades de composées à larges fleurs jaunes (*chrysanthemum*), sous lesquelles la pelouse disparaît. Les autres végétaux dominants et qui, par leur abondance, impriment au paysage son caractère décoratif, consistent en chênes-verts, chênes-kermès, myrtes, lentisques, arbousiers, phyllirea, oliviers sauvages, cistes et palmiers nains, dont l'ombre abrite les orchidées, la petite scille d'Algérie (*scilla Aristidis*), l'asphodèle et une multitude d'espèces du bassin méditerranéen. Il y a donc là deux points de vue charmants sur lesquels le regard se porte alternativement, indécis dans son choix, et qui prennent une nouvelle valeur lorsqu'ils sont brillamment éclairés, comme ils l'étaient alors, par le radieux soleil d'Afrique. Après avoir traversé El-Biar, la route tourne brusquement à droite et aboutit, par une pente assez douce, au village de Bouzaréa.

La partie française de cette bourgade nous importait peu ; ce qui nous intéressait davantage, c'était la population indigène ; aussi, nous dirigeâmes-nous sans retard vers les maisons qu'elle occupait autour de plusieurs marabouts. Là, nous tombâmes en plein paysage algérien. Les marabouts sont de petits édicules carrés, avec coupole arrondie en dôme, le tout soigneusement badigeonné à la chaux et par conséquent d'un blanc éclatant. En réalité, ce sont de petites chapelles qui servent de tombeau à quelque musulman vénéré pour sa sainteté. Au milieu de la pièce unique, dans laquelle on pénètre par une porte basse et cintrée, on aperçoit une sorte de grand coffre, allongé, percé à jour, qui est censé contenir les reliques du saint et autour duquel les croyants suspendent de nombreux ex-voto. Le sol qui environne le marabout est recouvert par un tapis de gazon d'une remarquable fraîcheur; mais ce qui donne au paysage un caractère vraiment africain, ce sont des agavés gigantesques, de grands opuntias arborescents qui croissent avec une vigueur exubérante, et surtout de beaux palmiers nains (*chamœrops humilis*), dont la tige a pris des proportions qu'on ne voit pas dans la plaine. Il y a là, pour un dessinateur, le sujet d'une jolie composition, dont la photographie s'est d'ailleurs emparée et qu'elle a maintes fois reproduite. Nous passons devant une fontaine près de laquelle se tiennent des femmes kabyles et des enfants ; les femmes sont à visage découvert, presques toutes assez jolies. Parmi les enfants qui nous suivent curieusement, une fillette d'une dizaine d'années, déjà formée, avec une peau bistrée, des traits réguliers et des cheveux crépés, a les ongles teints de henné ; elle examine attentivement les objets que nous portons, bagues, chaînes et montres, qui semblent exciter vivement son intérêt, quoiqu'elle soit habituée sans doute à de semblables visites. Lorsqu'il y a des dames parmi les touristes, les femmes indigènes les invitent à entrer dans leurs maisonnettes et leur offrent même quelques menues friandises ; mais comme notre petite bande n'était composée que d'éléments masculins, nous fûmes privés de cette faveur et tenus impitoyablement à l'écart. Nous entrons dans la maison d'école qui, à en juger par son exiguité, ne paraît pas appelée à recevoir beaucoup d'élèves ; en effet, le maître était là, bésicles sur le nez et coiffé du turban, gravement assis devant un pupitre sur lequel était ouvert le Coran, tandis que l'auditoire se bornait à deux jeunes garçons, et encore étaient-ils tenus à distance et relégués aux deux bouts opposés de la classe, sans doute par mesure de discipline.

L'observatoire astronomique qui se construit non loin du village, sur le point culminant, haut de 407 mètres, comprendra huit bâtiments distincts ; ce sera, comme on le voit, un établissement des plus importants, qui répondra par son développement et par le choix des instruments, à toutes les exigences de la science moderne. Le directeur, M. Trépied, qui est en même temps professeur à l'école des sciences, y est déjà installé provisoirement ; il nous montre le télescope Foucaut, un spectroscope solaire d'une grande puissance, ainsi que les appareils récemment inventés pour la photographie solaire, et des sismographes d'une extrême sensibilité. L'ensemble des travaux, constructions et instruments, coûtera 400,000 francs.

Le retour à la ville peut s'effectuer par un chemin différent, tracé sur une pente assez raide, avec lacets et détours nombreux, mais toujours sur l'arête du versant nord du Frais-Vallon. En somme, si l'on veut se rendre compte, sans grande fatigue, de la campagne et des ressources naturelles des environs d'Alger, c'est en effet la première excursion à tenter, aussi bien pour le simple touriste que pour le naturaliste ; il est impossible d'imaginer un site plus frais, plus vert, plus fleuri, surtout à cette époque de l'année ; le botaniste et l'entomologiste peuvent, en quelques heures, y récolter une ample moisson, tandis que l'impressionniste, ami de la belle nature, y jouira du plus séduisant panorama.

LE BOIS DE BOULOGNE

Les essences qui dominent dans les forêts de l'Algérie se montrent sur presque tout le territoire, sauf de rares exceptions qui résultent de l'altitude. Les espèces le plus généralement répandues, ou qui recouvrent les plus grandes surfaces sont les suivantes.

Le chêne-vert (*quercus ilex*) occupe 605,000 hectares ; le chêne-liège (*quercus suber*), 278,000 hectares ; le chêne-zen (*quercus Mirbeckii*), 62,000 hectares ; le pin d'Alep (*pinus halepensis*), 812,000 hectares ; le pin maritime (*pinus maritima*), 536,000 hectares ; le cèdre (*cedrus atlantica*), 43,000 hectares ; le thuya (*callitris quadrivalvis*), 24,000 hectares. Viennent ensuite l'olivier sauvage (*olea europœa*), 35,000 hectares ; les eucalyptus (*E. globulus, rostrata,* etc.), le pistachier (*pistacia atlantica*), le caroubier (*ceratonia siliqua*), le genèvrier (*juniperus phœnicea*).

Or, pour le touriste qui ne peut disposer que d'une matinée ou de quelques heures et qui désire se former une idée de la végétation forestière, rien de plus facile à entreprendre qu'une promenade au bois de Boulogne : on désigne ainsi un petit massif de 23 hectares, situé à la porte d'Alger sur le territoire de la commune de Voirol. Une visite à la partie haute du jardin d'essai et une course au bois de Boulogne lui permettront de passer en revue la plupart des arbres et des arbustes indigènes de l'Algérie.

Toutes les fois que nous nous sommes dirigé de ce côté, nous avons pris modestement l'omnibus qui nous a conduit jusqu'à l'église de Mustapha-supérieur. Là, on met pied à terre et l'on s'engage, sur la droite de la route, dans un chemin creux, montueux, ombragé, qui, pendant les orages, à en juger par les ravines qui le sillonnent, doit ressembler à un torrent. Ce sentier, dont la pente est douce et d'une montée facile, mène en un quart d'heure à la colonne Voirol, c'est-à-dire au bois de Boulogne même, dont le chemin d'accès débouche précisément en face de la fontaine du village. Il y a vingt ans à peine (la création du bois remonte à 1868) ce site, aujourd'hui si riant, n'était qu'un plateau inculte, couvert de broussailles rabougries. Maintenant, grâce à l'administration forestière, c'est un bois ombreux d'où l'on découvre la baie d'Alger, de nombreuses villas disséminées dans les massifs de verdure, les sommets du Djurdjura et les cimes de l'Atlas.

Les principales essences forestières que l'on

y rencontre sont le pin d'Alep, le pin à pignon, le pin parasol (*pinus pinea*), le cèdre, le chêne-zen, le chêne à feuilles de châtaignier, le frêne, l'ailante, l'érable, le caroubier et plusieurs acacias (*acacia lophanta*). On ne s'est pas contenté de planter l'ensemble du massif en espèces indigènes, on y a encore introduit un certain nombre d'arbres exotiques parmi lesquels on peut citer une centaine de *sequoia* de Californie qui ont parfaitement prospéré, et un large bosquet d'eucalyptus, dont la croissance est extrêmement rapide sous ce climat fortuné. Lorsque nous l'avons parcouru au printemps le bois était dans toute sa beauté ; il n'y avait que verdure et fraîcheur sous les futaies ; le sol était semblable à une prairie en fleurs, ombragée de grands arbres. Sous les bois de pins, dans l'Europe du nord, la terre est à peu près nue ou tristement recouverte par les aiguilles des conifères ; ici la végétation se comporte différemment : sous les pins comme sous les autres essences, elle est constamment revêtue d'une multitude de plantes herbacées, variées et vigoureuses.

Le bois de Boulogne constitue donc une station intéressante pour le botaniste comme pour l'entomologiste, tant la flore y est touffue et diversifiée. Le long des tiges, on voyait apparaître et grimper les premières hélices lactées, pendant que sous les pierres et sous l'écorce des arbres, les glandines, les bulimes, les cyclostomes, trouvaient un abri contre les rayons solaires. Une collection de bois et de produits sylvestres, réunie dans le chalet rustique de l'administration par les soins du service compétent, donne une idée avantageuse des richesses forestières de l'Algérie.

LES DOLMENS DE KALAA

Le 2 mai, par une journée admirable, profitant de l'herborisation hebdomadaire de M. Durando, nous sommes partis des palmiers de la place du gouvernement en compagnie d'une vingtaine d'excursionnistes, parmi lesquels se trouvaient plusieurs dames. La route que nous prîmes traverse d'abord les deux villages d'El-Biar et de Chéraga. Bientôt après, arrivés au bord d'un ruisseau, l'oued Beni-Messous, nous laissâmes les voitures gagner Guyotville, et nous nous engageâmes à pied dans des sentiers bordés d'eucalyptus, de frênes et d'opuntias, qui conduisent au hameau d'El-Kalâa, puis aux dolmens.

Ces tombes mégalithiques, autrefois disséminées à droite et à gauche du ruisseau sur les collines qui l'encaissent, au nombre d'une centaine, ont été détruites en majeure partie depuis la conquête. Pour assurer la conservation de celles qui existent encore (nous en avons compté seize), le gouvernement a dû demander au propriétaire actuel du sol son concours pour les protéger : M. Decosse s'y est prêté volontiers, et grâce à lui elles seront désormais respectées. Les seize dolmens sauvés du naufrage sont groupés sur un terrain planté de vignes, dépendant de la commune de Guyotville. La plupart des sépultures disparues ont été le sujet de fouilles qui ont amené la découverte d'ossements, de bracelets, de poteries et de coquillages perforés, qui furent sans doute portés comme ornements. Parmi les objets recueillis par M. Decosse et restés en sa possession nous avons remarqué des valves de *venus*, un *murex*, un *cyprœa*, un *pectunculus*, des dents de grands carnassiers, des haches de pierre, des couteaux en silex, des grattoirs, des anneaux et des bracelets en bronze. Ces dolmens sont d'une belle conservation ; ils se composent de quatre dalles, dont trois longues de deux mètres environ et une plus petite. Des trois grandes, deux sont placées verticalement, la troisième est superposée à plat; la quatrième ferme l'une des extrémités. Des tombes semblables ont été observées en Kabylie, dans le Tell, dans le Sahara et au Maroc. M. Féraud, actuellement ministre de France dans ce dernier pays, a découvert, dans un dolmen, un guerrier enseveli avec son cheval, usage que l'on retrouve fréquemment chez les Celtes et chez les Gaulois. Parmi les débris exhumés à El-Kalâa et déposés au musée d'Alger, on peut citer encore des hachettes celtiques en pierre noire, polie, des pointes de flèche en silex, des hachettes en jade, de petits vases en terre, des fibules en bronze, des crânes, et enfin des mâchoires.

Les tombes dont il s'agit ont été le sujet de notices publiées par plusieurs savants, parmi lesquels nous citerons les noms de MM. Féraud, Faidherbe, Letourneux, Bertherand, Bourjot, Christy, Guyon, Judas, Reboud, Payen, Bernard, Khind, Ferguson, Mac-Carthy, Flower. De quelle époque datent-elles?... On est d'accord pour admettre qu'elles remontent à l'invasion des hommes du nord en Libye, c'est-à-dire à 4,000 ans environ avant l'ère chrétienne. C'est aussi vers le même temps que se serait constituée la race berbère, par le mélange des Libyens primitifs et des blonds envahisseurs du nord. Ainsi, on peut raisonnablement supposer que les dolmens de Kalâa et les vestiges qu'ils renferment remontent à 5 ou 6,000 ans, âge assurément respectable, même pour un dolmen. Et si, d'après les témoignages cités plus haut, il est permis d'assigner 5 ou 6,000 ans de durée à des objets placés à la surface du sol, combien donc de siècles ont passé sur les restes paléontologiques contenus dans les strates quaternaires et tertiaires de l'écorce terrestre?... C'est par cent mille ans qu'il faudrait compter, si l'on en croit les renseignements de la science... Décidément, le monde est bien vieux!...

Du chalet, où nous fûmes très bien accueillis par M. Decosse, qui doit à ces sépultures des visites peut-être un peu trop fréquentes, nous sommes descendus sur Guyotville, joli village agréablement situé au bord de la mer, sur l'emplacement d'une bourgade arabe nommée Aïn-Benian. Le sentier que nous avons suivi était légèrement accidenté et un peu rocailleux; mais, au milieu des cytises qui envahissent de larges espaces, sous les lentisques et les chênes qui croissent dans ces ravins au milieu des rochers, les botanistes ne pouvaient pas manquer de récolter une riche moisson. Nous fîmes ainsi deux ou trois kilomètres avant d'atteindre la dune quaternaire qui entoure Guyotville, et où l'on a trouvé des restes d'éléphants que les éboulis ont mis au jour. Nous fûmes frappés, dans ce parage, de la fraîcheur de la campagne et de la verdure qui l'égayait. On y plante beaucoup de vigne, et cette culture, tous les ans, y prend une extension nouvelle en dépit de l'altise, dont nous avons constaté la présence, mais jusqu'ici, heureusement, en petit nombre. A Guyotville, on remonte en voiture et le retour s'effectue en suivant le bord de la mer, par le cap Caxine, la pointe Pescade et Saint-Eugène. Le trajet peut être évalué à une trentaine de kilomètres.

HAMMAM-RHIRA

Pour visiter la station thermale de Hammam-Rhira, située près de Miliana, à plus de cent kilomètres d'Alger, nous sommes partis en compagnie de M. Durando et d'une vingtaine de touristes par le chemin de fer d'Oran, à six heures du matin. Le trajet d'Alger à Bou-Medfa s'effectue en trois heures à travers un pays très pittoresque. La voie ferrée contourne d'abord la base du Sahel, et lorsqu'elle a pénétré dans la plaine de la Métidja, son tracé suit presque parallèlement l'Atlas, dont les massifs et les chaînons, accidentés comme les sierras espagnoles mais plus verdoyants, se déroulent à une faible distance. Toutefois des brumes grisâtres, qui remontaient de la base vers les cimes et flottaient à mi-côte comme un rideau mobile, nous dérobaient souvent une partie du panorama, dont les tons bleus, verts ou violacés, étaient piquetés de points blancs par les maisons des villages et les villas. Après avoir dépassé Blida, on aperçoit très distinctement, à la station suivante, la coupure profonde formée par les gorges de la Chiffa. A Bou-Medfa, dernière station du chemin de fer, nous descendons de wagon et nous prenons les voitures qui font le service régulier de cette gare à Hammam-Rhira, c'est-à-dire un trajet d'environ douze kilomètres.

La route sur laquelle on s'engage est d'abord large et plane ; puis elle devient bientôt montueuse et passablement accidentée ; à quelque distance la rapidité s'accentue, sans présenter toutefois aucun danger. La lenteur des attelages permet alors aux voyageurs de mettre pied à terre, et de suivre sans se presser, en quittant le chemin battu et même en s'égarant sur les coteaux voisins. Cette route, tracée en lacets sur le flanc d'une large vallée sillonnée par l'oued Djer, petite rivière dont le cours se dérobe souvent à la vue, emprunte un caractère infiniment pittoresque aux montagnes boisées qui l'environnent. Du côté du vallon que nous suivions, la végétation se composait surtout d'arbousiers, de lentisques, de pistachiers, et de bruyères arborescentes. Au bord même du chemin, on voyait par milliers les calathides rigides d'un beau chardon bleu *(echinops Bovei)*, de grands liserons roses *(convolvulus althœoides)*, plusieurs composées à larges pétales d'or (*calendula, chrysanthemum*), des malvacées (*lavatera trimestris*), des genêts (*genista biflora*), et des touffes épanouies d'une quantité d'autres fleurs. Sur les rives de l'oued Djer nous distinguons quelques lauriers-roses mêlés aux tamaris (*tamarix africana*). Ce trajet offre au botaniste un champ d'exploration très riche, et au simple touriste des perspectives intéressantes. A une certaine hauteur le chemin est humecté par un filet d'eau qui s'échappe d'une source voisine et qui se rend à l'oued Djer : nous y avons recolté, en passant, des hydrobies minuscules qui montrent, par leur présence, que la vie est répandue partout. Nous approchions du faite : chacun remonta en voiture, les cochers claquèrent plus fort que jamais, les chevaux firent un dernier effort, et vers dix heures et demie nous arrivions à l'hôtel des bains où nous étions joyeusement accueillis par la fanfare du village.

Après le déjeuner, chacun s'occupa selon ses goûts et ses inclinations. Les uns visitèrent les sources thermales ; d'autres explorèrent les ruines des villas que les Romains avaient construites autour des *Aquæ Calidæ* à l'époque où Cherchell (*Cæsarea*) était capitale de la Mauritanie. Pour nous, nous dirigeons nos pas vers la forêt de Chaïba, que l'on atteint à quelques centaines de mètres de l'établissement. Ce massif, de 800 hectares, est surtout composé de pins d'Alep, entremêlés d'arbousiers, de grandes bruyères, et de quelques pistachiers de l'Atlas (*pistacia atlantica ;* le *btoum* des Arabes) qui descendent des flancs du Zaccar jusqu'au point où nous nous trouvions. La chasse, dans ces parages, est réservée aux baigneurs qui peuvent y tirer la perdrix rouge, le lièvre, le lapin, le sanglier, le chacal, et même des aigles : le gibier y est très abondant. Mais une des grandes séductions d'Hammam-Rhira consiste dans le paysage qui encadre la station.

En débouchant de la forêt de Chaïba, si l'on gravit une colline qui s'élève à une faible distance de l'établissement, on jouit d'un coup d'œil à la fois grandiose et varié. Aux pieds de l'observateur, de l'ouest à l'est, se développe la vallée de l'oued Djer. En face, de l'autre côté du ravin, apparaît Vesoul-Benian, village fondé par des colons de la Haute-Saône et suspendu, comme l'aire d'un oiseau de proie, au flanc de la montagne. Au delà, vers le sud, les chaînons de l'Atlas s'étagent en cimes nébuleuses, dominées par le Nador de Médéa. A l'ouest se dresse un des pitons du Zaccar, au profil sévère, dont les flancs ombragés de pistachiers sont ornés de lavandes et de romarin, et revêtus en outre d'une graminée textile analogue à l'alfa (le *lygeum spartum*); la cime, qui dépasse 1500 mètres, est couronnée par de grands massifs de pins d'Alep qui descendent le long des pentes en chassant les arbustes, et viennent se rattacher insensiblement aux bois qui entourent Hammam-Rhira. Les déchirures de la montagne laissent entrevoir des gorges profondes d'où s'échappent les torrents tributaires de l'oued Djer. Enfin, toujours du haut de cette colline, on découvre au nord-est, dans le lointain, le mausolée colossal de Juba II, roi de Mauritanie, nommé à tort le Tombeau de la Chrétienne (*Kober-Roumia*), puis la plaine florissante de la Métidja, et comme fond du tableau les eaux bleues de la Méditerranée. — Sur tous les points de l'horizon, on aperçoit des collines escarpées, couvertes de broussailles, mouchetées de taches jaunes ou rouges produites par le roc nu, et fortement ravinées par les pluies de l'hiver. De place en place, l'œil se repose sur un îlot de verdure émaillé de points blancs : c'est un troupeau de chèvres, conduit par un pâtre arabe. Entre les collines, s'ouvrent d'étroites vallées dont les parois sont hérissées de pins et semées, çà et là, de rares gourbis (Dr Lander Brunton).

L'établissement thermal, que nous visitons en dernier lieu, comprend : un vaste bâtiment ou hôtel des baigneurs, distribué selon les types les plus modernes et les plus confortables ; un hôpital militaire ; un hôpital civil pour les colons indigents; des bains pour les Arabes et les juifs; une ferme et ses dépendances. Cet ensemble, réparti sur un terrain mouvementé, est encadré par des jardins très fleuris, où nous avons remarqué d'énormes oliviers, qui datent probablement de plusieurs siècles, et d'où la vue s'étend sur la splendide perspective que nous avons essayé d'esquisser. Les agents thérapeutiques se composent de sources salines chaudes et d'une source froide ferrugineuse. La température des sources salines, au griffon des piscines, est de 45° c.; l'élément le plus abondant est le sulfate de chaux et à l'analyse, la composition se rapproche de celle de l'eau de Bath ou de Baden, d'Autriche. La source froide, à la température de 19° c., renferme du carbonate de fer et de l'acide carbonique libre qui en fait une eau de table gazeuse, assez agréable, analogue à l'eau d'Orezza. En dehors de ces détails d'ordre médical, le baccarat et la roulette nous parurent en grand honneur dans les salons de l'hôtel : à quoi passer le temps, en effet, lorsqu'on a épuisé les excursions, la chasse, l'équitation, la lecture? M. Arlès-Dufour, concessionnaire de l'exploitation, nous apprit qu'il avait dépensé, dans la création de l'établissement, près de 1,500,000 fr., chiffre qui ne paraît pas exagéré quand on a parcouru ce vaste domaine et calculé les frais qu'une pareille entreprise a dû nécessiter, à plus de cent kilomètres d'Alger et à six cents mètres d'altitude.

On connaît, en Algérie, plus de deux cents sources minérales. L'une de celles qui ont été le plus récemment découvertes est la source de Lalla-Marnia, dont l'eau chaude, sulfurée, chlorurée, constitue une espèce thermale rare en tout pays. Sur les deux cents thermes, cinquante seulement sont exploités et fréquentés par cinq à six mille malades.

Si l'ascension du matin nous avait semblé ardue, la descente, au retour, ne nous parut pas moins déclive et scabreuse. Cependant elle s'effectua sans incident, au trot soutenu des attelages, et les douze kilomètres qui séparent Hammam-Rhira de Bou-Medfa furent aisément franchis en une heure ; nous sommes rentrés à Alger à dix heures du soir.

L'AUTRUCHERIE DE ZÉRALDA

Le 23 mai, l'herborisation organisée par M. Durando nous conduisit au village de Zéralda, d'où nous avons gagné la forêt de Saint-Ferdinand ; nous devions visiter l'autrucherie des planteurs, placée au centre du massif forestier. Partis à huit heures en corricolos, nous sommes arrivés à onze heures à la ferme de M. Camille Marchal, directeur de l'établissement.

La forêt de Saint-Ferdinand, que nous traversons en partie, comprend 800 hectares, dont les essences dominantes sont le chêne-liège, le pin d'Alep, le pin maritime, et beaucoup d'eucalyptus. Certaines parties du massif, sillonnées par de petits cours d'eau, humectées par des sources et encaissées dans des ravins, sont revêtues d'une végétation très dense, et très humides pendant l'hiver : telles sont les conditions de l'emplacement qui a été choisi pour la maison du garde forestier et pour la ferme de M. Marchal, dont la sécurité était encore garantie par la présence d'un marabout. Mais les points élevés sur lesquels est installé le parc à autruches sont découverts, très chauds et très sains. Il y existe une prodigieuse quantité de lapins et de hérissons. Entre la maison forestière et le gourbi du marabout jaillit une source abondante, captée sous un creux de rocher qu'ombragent des arbrisseaux et de larges acanthes dont la hampe est chargée de fleurs. A quelques pas plus loin, on aperçoit une petite kouba dont le marabout nous fait les honneurs. Là reposent, dit-on, à l'ombre de figuiers vénérables, les restes de Sidi Ferruch dont le nom a retenti souvent au temps de la conquête ; car ce fut dans la baie qui conserve le nom du saint musulman que nos soldats débarquèrent pour la première fois sur la côte d'Afrique. Mais le parc à autruches était l'attrait principal de notre excursion ; aussi, nous n'eûmes rien de plus pressé que de gravir la colline sur laquelle il est établi, et aussitôt M. Marchal nous y introduisit en nous donnant toutes les explications qui pouvaient nous intéresser.

Sur les 800 hectares de la forêt de Saint-Ferdinand, l'Etat en a concédé 150 à M. Marchal pour son exploitation : telle est la surface sur laquelle sont installés le parc, la ferme et les dépendances. Créée en 1883, avec vingt et quelques autruches (*struthio camelus*), l'établissement des planteurs a donné comme premier élevage : en 1883, 10 autruchons sur 11 éclosions; en 1884, 15 sur 21; en 1885, 2 seulement sur 5; enfin, en 1886, 11 autruchons sur 12 éclosions; d'autres étaient encore attendues.

Le point capital, pour l'élevage, c'est l'espace ; aussi, s'est-on attaché à remplir cette condition. Chaque couple producteur est logé dans un grand compartiment carré, séparé des cases voisines par des haies de roseaux ou des claies, avec un pavillon d'abri spacieux et quelques arbres. Sous ce rapport, l'installation est large, bien entendue, et ne laisse rien à désirer.

L'accouplement des autruches commence en novembre et finit en avril; plus rarement il se prolonge jusqu'en mai. Il a lieu suivant le mode employé par les gallinacés de nos basses-cours, avec cette différence que les pieds du mâle posent à terre. La ponte commence vingt ou trente jours après l'accouplement pour se terminer en même temps ; sa moyenne est de trente à quarante œufs par an ; mais M. Marchal a possédé des couples qui ont donné, l'un soixante œufs, l'autre soixante-douze, nombre excessif qui fatigue beaucoup les pondeuses. Aussi les empêche-t-on, par divers procédés, de continuer ce travail lorsqu'elles sont arrivées à trente ou trente-cinq œufs. L'incubation naturelle, avec de bons mâles, est préférable à toute autre ; on est souvent forcé de recourir à la couvaison artificielle, une autruche ne pouvant couvrir que dix-huit œufs au maximum, tandis qu'elle en produit au moins quarante. L'incubation dure quarante-deux jours au minimum, mais on a vu des mâles couver pendant cinquante-six jours et plus, et amener des poussins. A quoi faut-il attribuer ces retards ?... Probablement à une couvaison négligée dans l'origine par le mâle. Le germe ne commençant son évolution qu'à la température de 40 degrés, l'embryon ne peut se développer et croître qu'avec une chaleur régulière, surtout dans les premiers jours. Dans l'incubation artificielle, on a remarqué que la réussite dépend d'un bon commencement.

Les poussins, ainsi que nous l'avons constaté de visu, cassent eux-mêmes leur coquille au moyen d'une dent adventive dont leur bec est armé; ils sont déjà vigoureux lorsqu'ils en sortent. Pendant cinq à six jours, on leur donne uniquement du gravier, et c'est dans le fumier de leurs parents qu'ils cherchent leur pitance. Après ces cinq jours d'abstinence, on leur présente du blé tendre et du chou haché, ou quelque autre verdure, mais préférablement du chou. En outre, pour que l'œuf acquière la consistance et l'épaissseur convenables, on ajoute à leur nourriture, de temps en temps, des coquilles de mollusques marins (*venus, cardium, pecten*), que ces oiseaux avalent très volontiers et qu'ils digèrent avec une facilité proverbiale. Avec des soins, de l'espace, du soleil, l'élevage peut être conduit à bon terme. Le parc de Zéralda, lorsque nous le visitâmes, ne comptait pas moins de soixante sujets.

Après avoir recueilli ces détails de la bouche de M. Marchal, nous avons assisté à la cueillette des plumes. Deux gardiens entrèrent dans un compartiment et l'un d'eux présenta du blé à une autruche. Au moment où l'attention de l'oiseau, qui est très friand de cette nourriture, se trouvait ainsi détournée, l'homme le terrassa en lui maintenant le cou replié et le second gardien, armé d'une pince, arracha prestement cet ornement si recherché. Dans cette opération il faut déployer de la force, de l'adresse, de la promptitude ; autrement l'animal, qui se défend vigoureusement, finit par s'échapper.

Dans un autre compartiment, où le mâle était en train de couver, M. Marchal crut remarquer que l'éclosion de l'un des œufs était imminente. Il prit cet œuf, détacha un fragment de la coque et aperçut, en effet, le jeune poussin prêt à sortir. A ce moment, l'autruchon brisa lui-même la coquille en plusieurs morceaux avec la dent adventive dont nous avons parlé, et nous le reçûmes dans nos mains. A peine fut-il dehors qu'il essaya de se dresser sur ses pattes, puis il resta pendant quelques instants dans une position repliée ; son duvet, gris et dur au toucher, semblable à du crin frisé, se soulevant sous l'impression d'un soleil très ardent, nous nous demandions, en voyant sa taille et sa vigueur, comment l'œuf, dont on apercevait les débris sur le sol, avait pu le contenir. Il ressemblait à un gros hérisson monté sur deux pattes massives.

Récemment, l'autrucherie a perdu quatre sujets adultes dans les circonstances suivantes. On avait fait sortir des parcs vingt-trois autruches à titre d'essai, et on les avait lâchées dans une clairière voisine de l'établissement. Tout alla bien d'abord, et c'était un spectacle curieux que celui d'un pareil troupeau, paissant en liberté au milieu des pins et des chênes. Par malheur, un jeune veau vint se jeter au beau milieu et la panique s'empara de la troupe, qui se dispersa en quelques instants. Il s'agissait de les réunir, et ce ne fut pas une chasse aisée à travers une forêt de 800 hectares; jamais capture ne fut plus difficile. Cependant, au bout de deux jours de recherches et d'efforts persévérants, on parvint à en retrouver dix-neuf. Quelques-unes revinrent d'elles-mêmes dans les parcs; le reste fut pris au milieu des bois. Sur les quatre manquantes, trois n'ont pas reparu et ont dû être dévorées par les chacals, une a été tuée par des paysans. Une autruche adulte valant de 1,000 à 1,200 francs, l'établissement a éprouvé, ce jour-là, une perte assez notable.

Le retour s'effectua en trois heures, par Chéraga et El-Biar. Les figuiers de Barbarie, parés de leurs fleurs jaunes, égayaient les bords du chemin, et des champs de chardons, dominés par les capitules bleus de l'*echinops Bovei*, et mêlés à de grandes ombellifères, s'étendaient au loin dans la plaine : ces plantes, toutes africaines, abondent dans le Sahel et la Métidja.

LE SAHEL

Pour explorer le Sahel, aux environs d'Alger, il convient de prendre une voiture découverte : avec deux bons chevaux et un cocher expérimenté, on peut passer partout, comme nous en avons fait l'épreuve. Après avoir traversé rapidement l'Agha et Mustapha supérieur, nous montons à la colonne Voirol.

De là, nous avons rebroussé sur El-Biar par un bon chemin tracé sur la hauteur, et après une courte pause sous un berceau de rosiers, nous gagnons El-Achour, puis Draria, Saoula, Birkhadem et Birmandreis; la route nous conduit enfin vers le littoral par le gracieux vallon de la Femme-Sauvage. Dans cette tournée, nous avions traversé neuf villages et plusieurs hameaux, toujours sur les hauteurs du Sahel ; c'est une promenade de quelques heures, fort agréable, qui permet de connaître assez bien les environs immédiats d'Alger.

Tous ces villages sont propres, pour ne pas dire coquets; ils respirent la vie facile, l'aisance; la plupart ont cet air de prospérité qui ne se rencontre que sous un ciel clément, où le sol donne aisément et abondamment ses produits. C'est dans le Sahel d'Alger, à Chéraga et à Staouéli, que l'on a mis à l'essai la distillation des plantes odoriférantes, expérience qui a bien réussi. On y cultive surtout le géranium (*pelargonium inquinans*), dont l'odeur, après distillation, rappelle celle de l'essence de roses; on y prépare aussi l'essence de néroly et l'eau de fleurs d'oranger : l'établissement le plus important en ce genre est celui de Boufarik. Les routes sont excellentes; les chemins de traverse et les sentiers, bordés de haies d'agavés, d'opuntias, de rosiers, de géraniums, sont également bien entretenus; de distance en distance, on trouve des arbres qui donnent de l'ombrage, de vieux oliviers, des figuiers mêlés à des eucalyptus et à des acacias de date plus récente. Partout, entre les villages, nous remarquons de nombreuses plantations de vignes, qui réussissent admirablement dans l'humus mélangé de sables rouges ou jaunes, accumulé sur les marnes des étages miocène et pliocène, et sans avoir la prétention de juger l'avenir, nous croyons qu'avant peu la vigne sera la culture dominante aux environs d'Alger. De Birkhadem à Birmandreis, la route, passablement accidentée, est bordée de vergers et de jardins qui donnent à la campagne un aspect plantureux : ce ne sont, de tous côtés, que dômes et massifs de verdure formés par des arbres fruitiers parmi lesquels nous remarquons, au passage, des néfliers du Japon, des amandiers, des orangers, des citronniers et quelques bananiers. Toute cette contrée est riche et très fertile. Dans les ravins et contre les talus, le géologue peut aisément reconnaître les couches supérieures du pliocène, où abondent les mollusques fossiles, qui appartiennent aux genres *mytilus, pinna, pecten, ostrea, janira, venus...*

Nous arrivons ainsi au vallon désigné sous le nom de ravin de la Femme-Sauvage. Après avoir traversé une région plantureusement fertile, le touriste, par un changement de décor instantané, se trouve au fond d'un ravin éminemment pittoresque. Ce site et le Frais-Vallon sont, dans les environs immédiats d'Alger, les deux localités les plus agrestes et les plus charmantes ; on peut, sans exagération, les comparer à une petite Suisse et aux plus beaux aspects du Jura ou des Vosges. Le nom de ravin de la *Femme sauvage* a été donné, par antiphrase, en souvenir de certaine dame qui tenait en ce lieu, il y a plusieurs années, un restaurant très à la mode. Au fond du vallon coule un ruisseau qui prend sa source sur le mont Hydra, au-dessus du bois de Boulogne, mince filet d'eau qui suffit cependant à l'alimentation d'un moulin et à l'arrosage de quelques jardins avant de se rendre à la mer. Des deux côtés, surplombent des masses rocheuses de micaschistes, dans lesquels sont englobés des gneiss, des calcaires bleus, des quartzites, des filons de pegmatite, et dont la coloration varie suivant la prédominance du feldspath ou du mica. Mais, de toutes parts, l'œil se repose sur une végétation luxuriante, composée d'oliviers, de bananiers, d'orangers, dans les parties cultivées ; de conifères, de chênes et d'eucalyptus dans les zônes boisées : toute cette verdure aux teintes variées forme des massifs agglomérés et des bosquets d'un agréable aspect. Les environs d'Alger, dans les premiers jours de mai, sont aussi verts, aussi frais que les *combes* de la chaîne de la Côte-d'Or, et sous ce rapport, il faut l'avouer, nous ne nous faisions pas une juste idée d'un pays qui mérite, à tous égards, d'être plus visité et mieux connu. Le ravin débouche sur le chemin de Koubba, et le retour à Alger s'effectue par Mustapha, en suivant le littoral : nous avions accompli un trajet d'environ cinquante kilomètres.

Nous sommes retourné plusieurs fois au ravin de la Femme-Sauvage, et nous y avons fait d'agréables promenades, le plus souvent en compagnie de personnes qui aimaient beaucoup ce site enchanteur. Nous gravissions, sur la droite du vallon, une pente gazonnée, ombragée çà et là par des oliviers et qui sert de pâturage à des troupeaux de chèvres. Plus haut, l'escarpement se prononce davantage, le sol se couvre de genêts, et l'on peut continuer l'ascension en suivant, si l'on veut, le lit desséché d'un torrent. Plus haut encore, il faut escalader des roches nues de micaschistes, et l'on arrive ainsi à des bois de chênes-verts et de chênes-liège qui couronnent le plateau. De ce point, la vue est charmante : le touriste a devant lui le versant opposé du ravin, cultivé jusqu'à mi-côte et ombragé vers le sommet par un bois de pins d'Alep. Si par hasard il avait plu pendant la nuit, les rochers, les arbustes, les plantes et le gazon étaient couverts d'hélices à test épais que le naturaliste pouvait recueillir par milliers.

MAISON-CARRÉE

Le voyage d'Alger à Maison-Carrée se fait

commodément en chemin de fer, ou en corricolos. Ce parage, où les fleurs abondent dans les champs et dans les fossés, offre aux botanistes et aux entomologistes une ample récolte qu'ils peuvent commencer en mettant pied à terre. Pour nous, qui voulions visiter le séminaire des Missions africaines, situé à quelques kilomètres du village, nous prîmes un sentier escarpé qui abrège la distance et que l'on nous indiqua. Le chemin le plus fréquenté suit le cours de l'Harrach : il est bien moins accidenté et infiniment plus commode.

Après avoir gravi, par un sentier rocailleux à peine tracé dans les broussailles, un coteau qui domine la vallée de l'Harrach, on arrive sur un plateau ondulé en partie boisé, dont la plus grande partie est consacrée à la culture de la vigne. Ce vignoble, propriété du séminaire, est fort bien tenu. La plante y réussit à merveille sur un terrain marneux, qui emprunte une couleur rougeâtre aux oxydes de fer dont il est surabondamment imprégné. Il avait plu dans la matinée, et le sol détrempé était devenu tellement glissant que nous avions peine à garder l'équilibre sur une surface très inégale. Arrivé enfin à la porte du monastère, il nous fallut parlementer. A la vérité nous étions muni d'une lettre d'introduction, mais le père à qui elle était adressée se trouvait pour le moment en Tunisie, et le portier nous affirma qu'il n'y avait personne qui pût nous recevoir. Nous fîmes sonner alors, assez adroitement, le nom de M. le gouverneur général, en nous recommandant de la bienveillance toute particulière qu'il avait pour nous; ce fut le « *Sésame, ouvre-toi!* » des contes arabes, et les portes s'ouvrirent comme par enchantement devant nous. L'économe arriva en toute hâte, nous présenta ses excuses et se mit à notre disposition.

Après avoir traversé une cour ombragée, dont les côtés sont ornés de beaux palmiers, nous entrons au parloir, vaste salle que les pères ont convertie en musée en y réunissant tous les objets rapportés par les missionnaires du centre de l'Afrique. On y voit une belle toile représentant la tête noble et intelligente de Mgr le cardinal Lavigerie, fondateur de la maison. Les pères ont trois stations sur le lac Tanganika, une sur le lac Nyanza, deux à Taboura, et une dernière à Zanzibar ; chacun de ces postes est pourvu de trois missionnaires. On voit, par les noms seuls des stations situées, à l'exception d'une seule, au cœur de l'Afrique équatoriale, dans des régions inexplorées, combien sont précieux, surtout pour les naturalistes, les objets rapportés de si loin et à travers tant de difficultés. Ces matériaux, renfermés dans huit grandes vitrines, indépendamment de ceux qui sont simplement suspendus aux murs, frappent par leur abondance et leur variété dans tous les genres. Il y a un peu de tout dans les armoires vitrées : des mammifères, des oiseaux, des reptiles, quelques poissons, des mollusques, des insectes, des plantes, des minéraux, des fossiles, des monnaies, des antiquités, même des objets préhistoriques. La branche la plus largement représentée est celle des armes, des ustensiles, des objets enfin qui se rattachent à l'étude de l'ethnographie. Sur plusieurs de ces armes, précieusement conservées, nous lisons les inscriptions suivantes : « flèche qui a traversé le P.*** ; massue qui a servi à tuer le P.***. » Tout n'est pas rose, on le voit, dans la carrière des missions africaines ; mais, chose admirable ! ces mentions funèbres, placées journellement sous les yeux des néophytes, loin de les décourager, semblent au contraire les affermir dans leur vocation et redoubler leur courage. Nous savions qu'un des pères avait rapporté une collection d'animaux lacustres, pêchés dans les lacs Tanganika et Nyanza, et nous avions le désir de l'examiner ; malheureusement, la tablette était vide ; on y lisait seulement : coquilles du lac Tanganika. Ces raretés avaient été enlevées et envoyées, peu de temps auparavant, à un naturaliste qui nous avait devancé.

La chapelle se distingue par ses belles proportions, son ornementation sévère, et surtout par une grande fresque, due au pinceau de M. Lazerges, qui décore la voûte au dessus du maître-autel. Nous visitons jusqu'au réfectoire et au cellier. Les pères cultivent environ 90 hectares de vigne dont les produits jouissent d'une réputation méritée ; leurs vins blancs, surtout, nous ont paru de qualité supérieure. Enfin, l'économe poussa la complaisance jusqu'à nous faire voir les cellules des néophytes ; elles sont d'une simplicité qui dénote l'ascétisme le plus austère : une table surmontée d'un crucifix, une chaise, un lit, rien de plus. Cet aspect, nous l'avouons en toute humilité, ne nous donna aucune envie d'y accomplir un noviciat. Chaque année, le monastère admet, en moyenne, trente novices. Les pères portent la barbe entière, la robe blanche (d'où le nom de *Pères blancs* qu'on leur donne communément), la chachia rouge, et autour du cou un collier à gros grains. Ainsi que chacun s'accorde à le reconnaître, cette institution rend d'incontestables services à la cause de la civilisation et à la propagation de l'influence française ; c'est de ce côté, surtout, qu'elle doit diriger son action. Avec les idolâtres, mais surtout avec les musulmans, il est illusoire de songer à faire du prosélytisme et à jouer le rôle de convertisseur : c'est perdre son temps. N'est-il donc pas d'autres procédés, d'autres moyens efficaces à l'aide desquels on puisse adoucir les mœurs barbares des sectateurs du fétichisme, ou amener à nous les mahométans ?...

Nous prîmes, pour retourner à Alger, le chemin carrossable qui suit le cours de l'Harrach et contourne la base du coteau que nous avions escaladé dans la matinée. Les bords escarpés de la rivière, les champs, les talus de la route, étaient couverts d'un grand nombre de plantes variées. L'arbousier (*arbutus unedo*), le sainbois (*daphne gnidium*), les lentisques, les myrtes, la globulaire turbith (*globularia alypum*), formaient au milieu des rochers des buissons peu élevés, entre lesquels s'épanouissaient des cyclamens, des fumeterres, des narcisses (*narcissus algirus*), des renoncules (*ranunculus macrophyllus*), des scilles, des sauges, et de grandes ombellifères. La globulaire turbith, le *tasselra* des Arabes et des Kabyles, est un arbuste peu élevé, répandu dans le bassin méditerranéen ; chaque matin on peut voir les indigènes en apporter des fagots sur les marchés d'Alger. Ses fleurs bleues, réunies en capitules serrés, ressemblent à une petite boule, d'où le nom que les botanistes lui ont donné ; ses feuilles s'emploient en décoction tonique. Les abords de la gare de Maison-Carrée sont abondamment pourvus d'espèces remarquables du groupe des synanthérées et d'une jolie sauge à fleurs rouges.

LES CÈDRES

Pour sortir des environs immédiats d'Alger et élargir le cercle de nos excursions, nous avions le désir de les pousser jusqu'à la forêt de cèdres de Téniet-el-Hâad, qu'aucun touriste ne manque de visiter. Malheureusement, et à notre grand regret, nous ne pûmes nous joindre aux botanistes guidés par M. Durando, en sorte que nous en sommes réduit à reproduire ici les renseignements qui nous sont communiqués par le savant professeur, en y joignant les appréciations de M. Beaumont, inspecteur des forêts, si compétent en pareille matière.

Le départ d'Alger a lieu à six heures du matin, par le chemin de fer; on descend à dix heures à la station d'Affreville, et à midi on monte en voiture pour Téniet-el-Hâad, où l'on arrive à sept heures du soir, après une heure de halte au caravansérail de l'oued Massine. Dans ce trajet, on franchit l'oued Souffai, puis le Chélif, sur un pont de construction récente ; il n'y a pas longtemps encore, on le passait à gué quand les eaux étaient basses, et sur un bac quand le fleuve était gonflé par les pluies. Avant d'arriver à Téniet, on traverse un certain nombre de localités, parmi lesquelles nous citerons El-Bir (le Puits), où se trouve une maison de cantonnier, le pont du Caïd, le caravansérail de l'oued Massine ou d'Anser-el-Louza, le Camp-des-Chênes, le col dominé par l'Hadjera-Touïla (vulgairement le Pain-de-Sucre), le Camp-des-Scorpions, l'auberge de la Rampe et le Moulin-Bertrand. Il est question de créer trois villages sur cette route, mais ils sont encore en projet. On peut admirer en passant de gros pistachiers de l'Atlas et de beaux chênes-verts.

Le village de Téniet-el-Hâad, fondé en 1838, à 182 kilomètres d'Alger et à 1160 mètres au-dessus du niveau de la mer, compte au moins un millier d'habitants ; le dimanche, un marché public y amène en foule les arabes des environs. La forêt de cèdres y attire beaucoup de touristes, surtout des Anglais, ainsi que le constate l'album de l'hôtel du Commerce. On y voit un hameau de nègres, appelé Tombouctou, dont les hommes travaillent comme manœuvres et les femmes comme blanchisseuses ou servantes. Le poste militaire de Téniet-el-Hâad, établi en 1843, est assis sur un mamelon : il comprend des casernes, des magasins, un parc d'artillerie, un arsenal, un hôpital... et cent cinquante cavaliers.

Le lendemain, de bon matin, a lieu le départ pour la forêt de cèdres ; la course est d'environ deux heures, soit à pied, soit en voiture. Le lieu de réunion est au rond-point, où se trouve la maison forestière et son chalet, à 1,450 mètres d'altitude, et à treize kilomètres de Téniet ; on y trouve une source d'eau ferrugineuse abondante. Après déjeuner, on gravit à pied les dernières pentes de la montagne, et, lorsque l'on a atteint le point culminant du Djebel-Enndate, à 1,700 mètres, on a sous les yeux l'immense panorama qu'offrent la plaine du Sersou et la chaîne de l'Ouarencenis, qui présente trois crêtes principales.

Indépendamment des cèdres, on trouve sur le Djebel-Enndate le merisier (*cerasus avium*), le thuya algérien (*callitris quadrivalvis*), le chêne à glands doux (*quercus ballota*), le chêne-zen (*quercus Mirbeckii*), le pin d'Alep (*pinus halepensis*), le genévrier à feuilles de cèdre (*juniperus oxycedrus*), et le pistachier de l'Atlas (*pistachia atlantica*), qui atteint de belles proportions. Cette espèce de thérébinthacée commence à apparaître au caravansérail de l'oued Massine et s'avance jusqu'au désert, où on la rencontre dans les dépressions appelées *dayas*, par petits groupes de quelques individus espacés, car ce n'est pas une plante sociale : au lieu de vivre en forêt, comme le cèdre, le pistachier est solitaire. M. Valby en a photographié de très gros individus dans le Mzab, non loin de Gardaïa.

Le lecteur nous saura gré d'ajouter à ces données un peu écourtées les indications suivantes, dues à M. Beaumont.

La forêt de cèdres de Téniet-el-Hâad embrase une étendue totale de 3,000 hectares, dont 1,800 environ boisés en cèdre et le surplus en chêne à glands doux (*quercus ballota*). Le cèdre est le *cedrus atlantica*, qui ne diffère pas sensiblement dans le jeune âge du *cedrus Libani*, mais qui s'en distingue aisément, lorsque les arbres sont formés, par la disposition de ses branches étalées, généralement plus courtes, qui en font une pyramide élancée, assez étroite. Le massif s'étend sur les deux versants du Djebel-Enndate, dont la cime atteint 1,700 mètres ; le rond-point se trouve à 1,450 mètres. Le cèdre disparaît au-dessous de 1,300 mètres : c'est à peu près la limite inférieure de la végétation de cette essence, à l'état spontané. Le versant nord-est, qui regarde le village de Téniet, offre les beaux peuplements et les paysages les plus variés. Rien de plus pittoresque que la grande route à mi-côte qui traverse la forêt dans toute sa longueur, présentant à chaque tournant un site nouveau, gracieux ou sauvage, des blocs amoncelés, des ravins profondément encaissés, çà et là quelque riante prairie, partout une végétation puissante.

Quand on part du village, le premier point remarquable est le croisement des routes d'Orléansville et des Cèdres. A gauche, la forêt de Ferciouane, joli massif de chênes-liège, et les plaines du sud ; à droite, la vallée de Miliana ; au premier plan, les bois de l'oued Massine et des Matmata; dans le lointain, le Zaccar. On longe pendant longtemps, sur la gauche, des parcelles nettoyées et régénérées, offrant de jeunes arbres bien venants ; c'est l'avenir de la forêt; elles aboutissent aux Roches-du-Lion, énorme rocher à pic qui surplombe d'une grande hauteur du côté de la vallée et qui servait autrefois de repaire aux grands fauves de la contrée.

On arrive bientôt au rond-point des cèdres, le véritable but de toute excursion. C'est une grande clairière, où l'on a installé la maison du garde-forestier et un chalet qui s'est effondré sous le poids des frimas. Nature sauvage et inhospitalière, avec son triple étage de neige, pendant six mois d'hiver, le rond-point se transforme, au printemps et en été, et devient un des sites les plus admirables qu'on puisse rêver. On a devant soi de riches vallées, une vaste prairie toute émaillée de fleurs ; au delà, les massifs boisés des Reylès, puis les horizons sinueux et superposés des nombreuses chaînes de montagnes qui prolongent à perte de vue leurs mille effets d'ombre et de lumière. De toutes parts s'étend la forêt, une véritable forêt vierge, peuplée d'arbres gigantesques dont l'aspect est à la fois pittoresque et imposant. Un grand nombre de ces végétaux ont de cinq à six mètres de circonférence. L'un d'eux mesure neuf mètres : c'est *la sultane;* on montre encore le pied de celui qui fut *le sultan :* il avait plus de dix mètres.

L'extrémité de la forêt est un des points les plus remarquables : c'est le col appelé Téniet-el-Guetran, d'où l'on découvre tout à coup, à la limite d'un immense horizon, l'Ouarencenis (1985 mètres d'altitude) et la vallée du Chélif. Le col est distant de Téniet-el-Hâad d'environ seize kilomètres; il conduit, par des pentes modérées, au versant sud-ouest qui n'offre rien de particulier, si ce n'est toutefois un certain nombre de fermes prospères, établies dans la vallée de l'oued Ghoul.

Nous ajouterons que, sans aller aussi loin, on peut voir des bois de cèdres à une faible distance de Blida. Ces arbres, en effet, couronnent les sommités de l'Atlas sur d'assez grands espaces à quelques kilomètres de la ville ; il est facile de faire cette excursion et de se procurer ce spectacle.

Après être sorti par la porte Bab-el-Sebt, on passe par la glacière Laval et, en se dirigeant toujours vers la droite, on arrive au marabout de sidi Ab-el-Kader-ben-Djilali, ombragé par des buissons d'épines-vinettes à fleurs jaunes (*berberis œtnensis*), et construit sur le point culminant de la montagne des Beni-Salah (1640 mètres d'altitude). Puis, on redescend sur Blida en traversant d'anciennes glacières, et l'on peut se rafraîchir en passant à la belle fontaine appelée Aïn-Talarid ; on parcourt ainsi, à l'ombre des cèdres, environ cinq kilomètres sur la crête de l'Atlas, tout en jouissant, pendant ce trajet, des plus belles perspectives et des panoramas les plus variés. Sur ces hauteurs, au milieu des cèdres, on retrouve la végétation du Nord : l'if, le petit houx, le houx commun, le mérisier, l'alisier, le fusain à larges feuilles, l'érable de Montpellier et le chêne-zen (Durando). Voici, en outre, quelques indications complémentaires venant de M. Beaumont.

La forêt de Sidi-el-Kébir appartient à la commune de Blida ; elle est située au sud de cette ville, dans le douar de Sidi-el-Kébir, et repose sur la crête et les deux versants du petit Atlas, à une altitude qui varie entre 960 et 1,627 mètres ; sa contenance est de 1,338 hectares. Deux chemins principaux y conduisent : on les désigne sous les noms de chemin Laval et chemin Valentin, du nom de deux Européens propriétaires de glacières. Le premier aboutit à la lisière orientale de la forêt et se continue jusqu'à Kerraïche, village indigène situé sur la rive gauche de l'oued Mokta, après avoir traversé le massif. Le second est du côté opposé et dessert le village indigène d'Amchacha, groupé près de l'oued Merdja, affluent de la Chiffa. Tous deux sont des chemins muletiers très praticables, entretenus par la commune de Blida, et reliés entre eux par un sentier qui court le long de l'arête la plus élevée de l'Atlas, mais qui est généralement inabordable pendant l'hiver, à cause de l'épais tapis de neige qui le recouvre.

On arrive à la propriété Laval après trois heures de montée à flanc de coteau, laissant à gauche les versants des Beni-Azza occupés par quelques jardins indigènes plantés de noyers, de micocouliers et de figuiers, auxquels se marient des ceps de vigne gigantesques; à droite, une région inculte, peuplée de diss (*arundo festucoïdes*) et de fougères.

Ici le regard est réjoui par quelques maisons françaises, une fontaine versant à pleins bords son eau vive, claire et glacée, deux grands bassins où nagent des carpes, une glacière à charpente originale, une plantation de châtaigniers et de cerisiers, enfin par un jardin potager disposé en gradins et entouré d'un taillis de chênes verts.

On est déjà parvenu à une altitude de 1,192 mètres.

Si l'on s'avance vers la pointe la plus septentrionale du plateau, on voit se dérouler à ses pieds un panorama grandiose : la Métidja, avec ses villes, ses villages, son chemin de fer, ses nombreuses voies de communication, ses cultures, les cours d'eau qui l'arrosent; puis, le Sahel, où se montrent distinctement Alger et les villages parsemés dans la région, Koléa, le Tombeau du roi Juba, qui se dresse comme un mausolée gigantesque; enfin, à l'horizon, la mer immense et les échancrures dessinées par le cap Matifou, la baie d'Alger, l'estuaire du Mazafran et la masse imposante de Chenoua ; à droite et à gauche, la chaîne entière de l'Atlas et son vaste hémicycle.

Au sortir de l'établissement, le chemin continue, montueux et escarpé ; on laisse à gauche le sentier des Beni-Misera, puis le Djebel Fortass et la grande glacière, et l'on arrive, après une demi-heure de marche, à la limite orientale de la forêt et de la pleine région des cèdres.

La forêt de Sidi-el-Kébir renferme deux peuplements distincts : celui des cèdres, qui couvrent les parties les plus élevées, associés à quelques ifs et à des houx ; et celui des chênes-verts (variété ballota), qui occupent les parties inférieures des deux versants sud et nord de la montagne, associés également à des houx, des chênes-zen, des érables, des aliziers blancs et des micocouliers.

La hauteur maximum des cèdres est de vingt-cinq à trente mètres ; quant au diamètre, il peut atteindre deux mètres et plus. Le cèdre du marabout Baba-Mahmed a plus de neuf mètres de circonférence ; c'est le plus bel arbre peut-être de toute la contrée : on le trouve à 967 mètres d'altitude.

On en voit aussi de très beaux autour du marabout de Sidi-Abd-el-Kader-ben-Djilali, situé sur le point culminant de la montagne, c'est-à-dire à une altitude de 1,627 mètres environ.

IX

ÉPILOGUE

Ainsi que nous le déclarions au début de ce livre, le charme des contrées que nous avons visitées réside surtout dans un ciel riant, un climat agréable, des paysages variés, et dans le spectacle incessamment renouvelé et toujours divers de trois races mélangées sans se confondre. Ce tableau, la nouveauté des mœurs, des aspects, des costumes, le caractère même de la population européenne qui, sous l'influence du milieu, a contracté d'autres habitudes, sont bien faits pour impressionner le touriste, qui s'étonne d'abord, puis bientôt s'acclimate et finit par trouver le séjour d'Alger plein de séductions.

Mais, si tout est attrayant pour le voyageur qui passe, il n'en est pas ainsi pour le gouvernement, qui a toujours quelque difficulté à surmonter ou quelque fléau à combattre. Quand on a fait le nécessaire contre les sauterelles, il faut parer aux incendies allumés dans les forêts par la malveillance ou l'incurie, obvier aux ruptures des digues, remédier aux inondations, atténuer les effets d'une légère oscillation sismique ; en sorte qu'il y a fréquemment, ou une lutte à entreprendre, ou un dégât à réparer. L'autorité doit sans cesse avoir les yeux ouverts : pour elle, il n'y a guère de répit. Mais une éventualité qu'il importe surtout de ne jamais perdre de vue et contre laquelle on doit toujours être en garde, c'est le danger de l'insurrection.

Les Arabes, pas plus que les Berbères, ne nous aiment pas ; nous sommes, pour eux, des infidèles et des vainqueurs ; quoi que nous puissions faire, ils saisiront toujours l'occasion de secouer un joug auquel ils sont soumis en apparence, mais qui leur est, au fond, antipathique. On peut donc craindre, avec raison, que si nous avions une guerre sérieuse à soutenir en Europe et si la fortune des armes, surtout, ne nous était pas favorable, ils ne profitassent de ce moment pour s'insurger contre notre domination. A la vérité, en temps ordinaire, il n'y a point péril en la demeure. M. le gouverneur-général est convaincu que cinquante ans d'une colonisation dont les débuts ont été très laborieux, ont donné tous les résultats qu'il était permis d'espérer ; il est juste d'ajouter que les faits acquis se sont élargis et consolidés fortement depuis ces dernières années, grâce à l'impulsion ferme et conciliante de M. Tirman, gouverneur actuel : toutes les classes de la population sont unanimes à le proclamer.

Cependant, on ne peut le méconnaître, il n'y a aucune fusion entre les Européens et les Arabes : les deux races marchent parallèlement et côte à côte, mais sans mélange. Aucun rapprochement moral ne s'est opéré entre elles et les indigènes n'ont pas fait un pas vers l'assimilation. Les deux peuples sont séparés par un intervalle trop profond ; leur point de départ est trop différent pour que leur rencontre amène autre chose qu'un simple contact, et la question religieuse qui, dans l'islamisme, prime tout, sera toujours un obstacle invincible à leur réunion : c'est un mur inébranlable qui sépare les deux races. Nous avons entendu reprocher au gouvernement de la défense nationale d'avoir, en octobre 1870, conféré la naturalisation française à tous les Juifs, sans comprendre les Arabes dans cette insigne faveur ; mais il faudrait d'abord se demander si ces derniers auraient accepté une naturalisation qu'ils ne sollicitaient pas ?... C'est plus que douteux. Avec des esprits rebelles à notre civilisation, pleins de superstitions et brûlant sourdement d'un ardent fanatisme, avec une discipline inaltérable, une patience à toute épreuve et la propagande incessante des sociétés secrètes (celle des Shoussyas, surtout, qui étend ses ramifications sur toute l'Afrique), la population indigène dispose d'une force avec laquelle nous aurons toujours à compter, comme ont dû le faire nos précurseurs.

En d'autres termes, les mœurs, les habitudes, la civilisation des Arabes n'ont reçu aucune atteinte des nôtres, et tout se passe exactement chez eux comme au jour de la conquête : cependant, il y a plus d'un demi-siècle que nous sommes là ! En apparence, on les trouve résignés, au fond ils sont patients et ils attendent l'heure... Mais ce qui frappe surtout le voyageur le moins attentif, c'est la survivance à toutes les invasions de la race primitive de l'Algérie, reconnaissable, entre autres caractères, à la langue et à l'écriture, que l'on retrouve chez les Kabyles, les Mzabites, les Touaregs, et chez les montagnards de l'Aurès, tous probablement de race berbère.

Quant au climat, et nous terminerons par cette considération, celui de l'Algérie, au dire de tous les voyageurs, est l'un des plus salubres et des plus agréables du bassin méditerranéen ; des conditions aussi favorables doivent entrer pour beaucoup, croyons-nous, dans la séduction exercée par ce pays privilégié sur les touristes. Nous y avons séjourné de mars à juillet sans cesser d'en être charmé. Sur la fin de juin, la température s'est élevée d'une manière sensible et, par le sirocco, elle devint débilitante sur le littoral. En juillet, la chaleur s'accrut encore, au point d'être pénible à supporter pour les Européens habitués au climat du nord. Mais, pendant les quatre mois précédents, nous avons pleinement joui d'un printemps doux et chaud, qui nous sembla d'autant plus agréable que, dans le nord et l'est de la France, nous en sommes presque toujours privés. Un ciel pur, une atmosphère attiédie, un soleil radieux, des nuits toutes scintillantes d'étoiles, partout des fleurs et des parfums, voilà les souvenirs que nous avons rapportés et qui nous ont fait répéter, en revoyant notre pays, ces vers du Dante :

> O settentrional vedovo sito,
> Poiche privato se' di mirar quelle!

M. de Tchihatchef qui a été, comme nous, émerveillé de l'Algérie, dit que rien ne démontre mieux l'impression favorable produite par ces contrées aimées du soleil sur ceux qui les ont habitées que le besoin qu'ils éprouvent d'y rester ou d'y retourner, et il ajoute que ce fait très significatif est constaté par de nombreux exemples. Nous pouvons joindre notre propre témoignage à ceux qui ont été recueillis par le savant voyageur russe.

X

APPENDICE

1. — MAMMIFÈRES DE L'ALGÉRIE

(d'après M. Fernand Lataste.)

Quadrumanes.

Pithecus sylvanus L.

Chiroptères.

Rhinolophus ferrum-equinum Schr.
R. clivosus Kr.
R. euryale Blas.
R. hipposideros Bechst.
Plecotus auritus L.
Otonycteris Hemprichi Pet.
Vesperugo serotinus Schr.
V. isabellinus Temm.
V. noctula Schr.
V. Kuhli Natt.
V. pipistrellus Schr.
Vespertilio Cappaccinii Bonap.
V. murinus Schr.
V. emarginatus Geoffr.
Miniopterus Schreibersi Natt.
Rhinopoma microphyllum Geoffr.

Insectivores.

Macroscelides Rozeti Duv.
Erinaceus algirus Duv.
E. deserti Loche.
Crocidura araneus Schr.
C. etrusca Savi.
Sorex vulgaris L. (?).
S. fodiens Pall. (?).

Carnivores.

Canis aureus L.
C. cerdo Gmel.
C. niloticus Geoffr. St-Hil.
C. famelicus Cretsch.
Hyena vulgaris Desm.
Cynailurus guttatus Herm.
Felis leo L.

Felis caracal L.
F. pardus L.
F. serval L.
F. sylvestris Briss. (?)
F. libyca Oliv.
Genetta vulgaris Less.
Herpestes ichneumon L.
Lutra vulgaris Erxl.
Ictidonyx libyca Hempr. et Ehr.
Putorius communis Less.
P. africanus Desm.

Rongeurs.

Eliomys quercinus L.
Bifa lerotina Lataste.
Mus barbarus L.
M. decumanus Pall.
M. rattus L.
M. sylvaticus L.
M. musculus L.
M. spretus Lataste.
Gerbillus Duprasi Lataste.
G. hirtipes Lataste.
G. garamantis Lataste.
G. campestris Lev.
G. Simoni Lataste.

Meriones erythrurus Gray.
M. Shawi Rozet.
M. Trouessarti Lataste.
M. obesus Kretschm.
Dipus ægyptius Hass.
D. hirtipes Licht.
D. Darricarrerei Lataste.
Alactaga arundinis F. Cuv. (?)
Massoutiera Mzabi Lataste.
Ctenodactylus gundi Rothm.
Hystrix cristata L.
Lepus cuniculus L.
L. ægyptius Desm.

Pachydermes.

Sus scrofa L.

Ruminants.

Cervus corsicanus Erxl.
Dama vulgaris Loche.
Ovis tragelaphus Desm.
Alcelaphus bubalis Pall.
Addax nasomaculatus Blainv.
Gazella dorcas Pall.
G. kevella Pall.

2. — REPTILES ET BATRACIENS DE L'ALGÉRIE
(d'après M. Lallemant et M. Lataste.)

REPTILES.

Chéloniens.

Testudo pusilla Shaw.
T. mauritanica Dum. Bib.
Cistudo lutaria Gunth.
Emys leprosa Shaw.
Chelonia caouana Shaw.
Sphargis coriacea Rond.

Sauriens.

Chamæleo cinereus Aldr.
Platydactylus muralis Dum. Bib.
P. Delalandii Dum.
Hemidactylus turcicus L.
Gymnodactylus mauritanicus Dum. Bib.
Stenodactylus guttatus Cuv.
S. mauritanicus Guich.
Ptyodactylus Oudrii Lataste.
Varanus arenarius Dum. Bib.
Agama colonorum Daud.
A. agilis Oliv.
A. ruderata Oliv.
A. Tournevillei Lataste.
Uromastix acanthinurus Bel.
U. spinipes Daud.
Tropidosaura algira L.
Zezumia Blanci Lataste.
Lacerta ocellata Daud.
L. muralis Laur.
L. perspicillata Dum. Bib.
Ophiops elegans Men.
Acanthodactylus vulgaris Dum. Bib.
A. scutellatus Aud.
A. Savignyi Aud.
A. Boskianus Daud. var.
Eremias guttula Licht.
E. pardalis Licht.

Pseudopus Pallasii Opp. (?)
Scincus officinalis Laur.
Sphenops capistratus Fitz.
Gongylus ocellatus Gmel.
Euprepes vittatus Oliv.
E. Savignyi Dum. Bib.
Plestiodon Aldrovandi Dum. Bib.
Seps chalcides Col.
Heteromeles mauritanicus Dum.
Anguis fragilis L.
Ophiomorus miliaris Pall. (?)
Amphisbœna cinerea Vaud.
Trogonophis Wiegmanni Kauss.

Ophidiens.

Eryx jaculus L.
Simotes diadema Dum. Bib.
Coronella girundica Dum. Bib.
C. tæniata Dum. Bib.
Tropidonotus natrix L.
T. viperinus Latr.
Zamenis Cliffordii Schleg.
Z. hippocrepis L.
Z. atrovirens Shaw.
Z. florulentus Dum. Bib.
Rhinechis scalaris Schinz. (?)
Psammophis moniliger Schleg.
Cœlopeltis lacertina Wagl.
C. producta Gerv.
Vipera Latastei Bosca.
V. mauritanica Dum. Bib.
V. Avicennæ Alp.

Vipera cerastes L.
V.   carinata Merr.

BATRACIENS.

Anoures.

Rana esculenta L. v. Lastastei Cam.
Discoglossus pictus Ott.
Hyla arborea L. var. meridionalis Bœttg.

Bufo vulgaris Laur.
B.   viridis Laur.
B.   mauritanicus Schleg.

Urodèles.

Salamandra maculosa Laur.
Glossoliga Poireti Gerv.
G.   Hagenmulleri Lataste.

3. — POISSONS D'EAU DOUCE DE L'ALGÉRIE

(d'après MM. Letourneux et Playfair.)

Gobius rhodopterus Gunth.
G.   paganellus L.
Blennius vulgaris Poll.
Cristiceps argentatus Risso.
Atherina Rissoi Cuv. Val.
Mugil cephalus Cuv.
M.   capito Cuv.
Gasterosteus brachycentrus Cuv.
Chromis niloticus Cuv.
C.   Tristrami Gunth.
Salmo macrostigma Dum.

Cyprinodon calaritanus Bon.
C.   iberus Cuv. Val.
Tellia apoda Gerv.
Carassius auratus L.
Leuciscus callensis Guich.
Barbus callensis Cuv. Val.
B.   sitifensis Cuv. Val.
Clupea finta Cuv.
Anguilla vulgaris Yarr.
Syngnathus algeriensis Let. Playf.

4. — POISSONS PRINCIPAUX DE LA PÊCHERIE D'ALGER

(d'après M. le Dr Bourjot.)

Labrax lupus Cuv.
Serranus scriba L.
S.   cabrilla L.
S.   hepates L.

Anthias sacer Bloch.
Polyprium cernium Cuv.
Trachinus draco L.
T.   lineatus Bloch.

APPENDICE

Trachinus radiatus Cuv. Val.
Uranoscopus scaber L.
Sphyrœna vulgaris Cuv. Val.
Paralepis coregone Risso.
P. coregonoides Risso.
Mullus surmuletus L.
M. barbatus L.
Trigla lineata Walb.
T. lyra L.
T. hirundo Risso.
T. cataphracta Cuv. Val.
Dactylopterus pirapeda Risso.
Scorpœna lutea Risso.
S. scropha L.
S. porcus L.
Hoplostheus mediterraneus Cuv.
Sciæna aquila Risso.
Umbrina cirrhosa L.
Corvina nigra Salv.
Sargus Rondeleti Cuv. Val.
S. Salviani Cuv.
S. annularis Cuv.
Charax puntazzo L.
Pagrus auriga Cuv. Val.
P. vulgaris Cuv. Val.
Chrysophys aurata L.
Pagellus erythrinus L.
P. centrodontus Delar.
P. acarne Cuv. Val.
P. bogaraveo Cuv. Val.
P. mormyrus Cuv. Val.
Dentex macrophtalmus Cuv. Val.
D. erythrostoma Risso.

Dentex vulgaris L.
Cantharus vulgaris Cuv. Val.
C. brama Cuv. Val.
C. orbicularis Cuv. Val.
Boops vulgaris L.
B. salpa L.
Oblata melanura L.
Mœna vulgaris Cuv. Val.
M. Obeskii Cuv. Val.
Smaris vulgaris Cuv. Val.
S. alcedo Risso.
Brama mediterranea Cuv.
Scomber pneumatophorus Delar.
S. thunnina Cuv.
S. sardus Bloch.
S. amia Cuv.
Thynnus vulgaris Cuv. Val.
Xyphias gladius L.
Naucrates ductor L.
Lichia glaycos Cuv.
L. glauca L.
Saurellus mediterraneus Cuv.
Caranx chrysophris Cuv.
Zeus pungio Cuv. Val.
Cepola rubescens L.
Aphia presbyter Cuv. Val.
Mugil cephalus Cuv.
M. capito Cuv. Val.
M. auratus Risso.
M. chelo Cuv. Val.
M. saliens Risso.
Blennius gattorugine Brünn.
B. galerita L.
B. tentacularis Brunn.

Blennius lineatus Guich.
B. palmicornis Guv. Val.
B. inæqualis Val.
B. argentatus Risso.
B. ocellaris L.
Clinus argentatus Risso.
Gobius capito Val.
G. cruentatus L.
G. niger L.
G. Lesueurii Risso.
G. minutus Cuv. Val.
G. quadrimaculatus Guich.
Callionymus lyra L.
Lophius piscatorius L.
Batrachus algeriensis Guich.
Labrus maculatus Bl.
L. turdus L.
L. merula L.
L. reticulatus Gunth.
L. mixtus L.
Crenilabrus pavo Brunn.
C. cæruleus Risso.
C. melops Gunth.
C. cornubicus Don.
C. quinquemaculatus Risso.
C. ocellatus Brunn.
C. rostratus Cuv. Val.
Julis pavo Hassq.
J. turcica Risso.
J. vulgaris Cuv. Val.
J. Giofredi Risso.
Novacula cultrata Cuv. Val.
Centriscus scolopax L.

Belone acus Cuv.
Hemiramphus Picarti Cuv. Val.
Exocœtus exiliens L.
Saurus fasciatus Risso.
Scopelus scopele Cuv.
Harengus virescens Dekay.
Clupea finta Cuv.
C. sardina Risso.
C. alecia Raf.
Engraulis encrasicholus L.
Gadus merlucius L.
G. luscus Gunth.
Gadiculus argenteus Guich.
Phycis mediterraneus Lar.
Motella tricirrata Bl.
Cytharus lingulatus Gunth.
Rhombus maximus L.
R. lævis Rond.
Solea cinerea Val.
S. oculata Risso.
S. vulgaris Quens.
S. luctuosa Guich.
S. lascaris Risso.
Plagusia lactea Bonap.
Lepadogaster Govani Risso.
Echineis remora L.
Conger vulgaris Cuv.
C. myrus L.
Ophisurus serpens L.
Muræna helena L.
M. unicolor Lar.
M. saga Risso.
Ophidium barbatum L.
O. imberbe L.

Hippocampus antiquorum Leach.
Orthagoriscus mola Bl.
Balistes capriscus L.
Scyllium canicula L.
S.　　　catulus Cuv.
Priusturus melanostomus Raf.
Carcharias lamia Risso.
Zygæna malleus Risso.
Cestracion tudes Risso.
Galeus canis Rond.
Mustelus vulgaris Mull.
M.　　　asterias Rond.
Alopecias vulpes Bonap.
Lamna cornubica Gmel.
Odontapsis taurus Bonap.
O.　　　ferox Risso.
Acanthias vulgaris Risso.
A.　　　Blainvillei Risso.
A.　　　uyatus Raf.
Spinax niger Bonap.
S.　　　oxynotus Raf.

Centrophorus granulosus Bloch.
Scymnus lichia Cuv.
Echinorhinus spinosus Blainv.
Squatina vulgaris Risso.
Pristis antiquorum Lath.
Torpedo oculata Bel.
T.　　　marmorata Risso.
Raja clavata L.
R.　　radula Cuv.
R.　　asterias Risso.
R.　　miraletus L.
R.　　fullonica Blainv.
R.　　oxyrhyncha Bloch.
R.　　macrorhyncha Raf.
Trygon pastinaca L.
T.　　　brucco Bonap.
T.　　　violacea Bonap.
Pteroplatea altavela L.
Myliobatis aquila L.
Cephaloptera Giornæ Risso.
C.　　　Massenæ Risso.

5. — MOLLUSQUES, CRUSTACÉS, TORTUES

vendus à la Pêcherie d'Alger.

Mollusques marins.

Ostrea edulis L.
O.　　plicata Chemn.
O.　　cochlear Poli.
Pecten maximus L.
P.　　Jacobæus L.

Spondylus gæderopus L.
Avicula tarentina Lam.
Pinna nobilis L.
P.　　pernucla Chemn.
Mytilus edulis L.
M.　　　galloprovincialis Lam.
M.　　　afer L.

Modiola barbata L.
Lithodomus lithophagus L.
Pectunculus violacescens Lam.
P. pilosus L.
Cardium echinatum L.
C. hians Brocchi.
C. tuberculatum L.
C. aculeatum L.
Venus gallina L.
V. verrucosa L. (îles Baléares.)
Tapes decussata L.
Mactra corallina L.
Donax trunculus L.
D. semistriatus Poli.
Murex brandaris L.
M. trunculus L.
M. erinaceus L.
Euthria cornea L.
Triton nodiferus Lam.
Purpura hæmastoma L.
Patella cærulea L.
P. ferruginea Gmel.
P. lusitanica Gmel.
Octopus vulgaris Lam.
Sepia officinalis L.
Sepiola sp.
Loligopsis sp.

Mollusques terrestres.

Helix lactea Mull.
H. vermiculata Mull. (îles Baléares).
H. aspersa Mull.
H. pisana Mull.

Crustacés.

Maia squinado Latr.
M. verrucosa M. Edw.
Portunus barbarus Lucas.
Gecarcinus sp.
Dorippe lanata L.
Grapsus varius Latr.
Dromia vulgaris M. Edw.
Scyllarus arctus L.
Palinurus vulgaris Latr.
Homarus vulgaris M. Edw.
Alpheus ruber M. Edw.
Palæmon serratus Penn.
Penæus caramote Desm.
Nephrops norvegicus L.
Squilla mantis L.

Tortues.

Testudo pusilla Shaw.
T. mauritanica Dum.
Emys leprosa Shaw.
Chelonia caouana Shaw.

Oursins.

Echinus esculentus L.
E. melo Lam.
E. sardicus Lam.
E. purpureus Risso.

Cétacés.

Phoca monachus Herm.
Tursiops tursio Gerv.
Delphinus algeriensis Loche.
D. mediterraneus Loche.

Polypiers.

Corallium rubrum L.

6. — PRINCIPAUX PALMIERS ACCLIMATÉS
au Jardin d'Essai, à Alger.

Cocos lapidea Gœrtn. — Brésil.
C. flexuosa Mart. — Brésil.
C. datil Bonpl.
C. coronata Mart.
Fulchioronia senegalensis Lest. — Sierra Leone.
Phœnix dactylifera L. — Afrique bor.
Phœnix pumila Aub.
P. tenuis ou Canariensis (Hort.)
P. paludosa Roxb.
P. reclinata Jacq.
P. leonensis. Lodd.
Chamærops excelsa Thunb. — Chine.
C. humilis L. — Afrique bor.
C. tomentosa Fulch.
C. Martiana Wall.
C. hystrix Fras.
Thrinax radiata Lodd. — Trinité.
T. flexilis (Hort.)
T. amantia Fulch.
T. argentea Lodd. — Antilles.
T. tunicata (Hort.)

Brahea dulcis Mart. — Pérou.
B. conduplicata Mart.
Sabal havanense. — Havane.
S. Adansoni Guer.
S. palmetto Mich.
S. longipedunculatum (Hort.)
Oreodoxa regia R. Br. — Antilles.
Jubæa spectabilis H. Br. — Chili.
Arenga saccharifera Lab. — Moluques, Chine.
Acrocomia sclerocarpa Mart. — Brésil.
Caryota Wallichiana (Hort).
C excelsa (Hort).
C urens L.
C. propinqua Blum.
C. Cumingi Lodd.
Latania borbonica Lam. — Madagascar.
Chamædorea elatior Mart.
C. elegans Mart.
Diplothenium maritimum Mart.
Livistonia australis R. Br.
Corypha gebanga Bl.
Rhapis flabelliformis L.

(*Ch. Rivière.*)

7. — PLANTES OBSERVÉES A FRAIS-VALLON ET BOUZARÉA

(d'après M. Durando.)

Renonculacées.
Anemone palmata L.
Ranunculus flabellatus Desf.

Crucifères.
Carrichtera Vellæ DC.
Succowia balearica Medik.

Cistinées.
Cistus heterophyllus Desf.
Helianthemum niloticum Pers.
H.   ægyptiacum Pers.

Violacées.
Viola arborescens L.

Caryophyllées.
Dianthus velutinus Guss.
Silene disticha Willd.
S.   cerastoïdes L.
S.   ambigua Camb.

Linacées.
Linum tenue Desf.

Géraniacées.
Erodium chium W.

Rutacées.
Ruta bracteosa DC.

Rhamnées.
Rhamnus alaternus L.

Térébinthacées.
Pistacia lentiscus L.
Rhus coriaria L.

Légumineuses.
Anagyris fœtida L.
Sarothamnus arboreus DC.
Genista linifolia L.
G.   candicans L.
Cytisus triflorus L'Hérit.
Ononis reclinata L.
O.   mitissima L.
Medicago sativa L.
M.   corrugata Dur.
Melilotus italica Lam.
Vicia altissima Desf.
V.   Monnardi Boiss.
V.   erviformis Boiss.
Lathyrus tingitanus L.
Hippocrepis Salzmanni Boiss.

Césalpiniées.
Ceratonia siliqua L.

Tamariscinées.
Tamarix gallica L.
T.   africana L.

Paronychiées.
Paronychia nivea DC.

Crassulacées.
Sedum cæruleum Vahl.

Ombellifères.
Laserpitium gummiferum Desf.
Cachrys tomentosa L.

Caprifoliacées.
Viburnum tinus L.

Rubiacées.
Asperula hirsuta Desf.
Galium glomeratum Desf.
Vaillantia hispida L.

Composées.
Lonas inodora Gœrtn.
Balsamita virgata Desf.
B.   grandiflora Desf.
Senecio lividus L.
Centaurea africana Lam.
Serratula mucronata Desf.
Tolpis altissima Pers.

Ericacées.
Arbutus unedo L.
Erica arborea L.

Primulacées.
Anagallis linifolia L.

Apocynées.
Vinca media Link.

Oléacées.
Fraxinus excelsior L.
Olea europæa L.
Phyllirea media L.

Gentianacées.
Erythræa maritima Pers.

Convolvulacées.
Convolvulus tricolor L.
C.   siculus L.

Borraginées.
Cynoglossum cheirifolium L.

Scrophulariées.
Linaria virgata Desf.
Scrophularia lævigata Vahl.

Labiées.
Lavandula multifida L.
Melissa officinalis L.
Salvia bicolor Desf.
Nepeta algeriensis Noé.
Teucrium resupinatum Desf.

Laurinées.
Laurus nobilis L.

Santalacées.
Osyris quadripartita Salzm.

Euphorbiacées.
Euphorbia rupicola Boiss.

Urticées.
Theligonum cynocrambe L.
Parietaria mauritanica Dur.

Ulmacées.
Ulmus campestris Smith.

Celtidées.
Celtis australis L.

Cupulifères.
Quercus ilex L.
Q. ballota Desf.
Q. suber L.

Salicinées.
Populus alba L.

Conifères.
Pinus halepensis Mill.
Cupressus horizontalis Mill.
C. pyramidalis Targ.

Liliacées.
Gagea mauritanica Dur.
Hyacinthus dubius Guss.

Palmées.
Chamærops humilis L.

Graminées.
Gastridium lendigerum Gaud.
Stipa tortilis Desf.
Aira minuta Lœfl.
Cynosurus crista-galli Munby.

Isoëtées.
Isoetes hystrix Dur.
I. Durieui Bory.

Fougères.
Asplenium palmatum Lam.
Ophioglossum lusitanicum L.

8. — PLANTES OBSERVÉES A HAMMAM-RHIRA

(*M. Durando.*)

Renonculacées.
Nigella damascena L.

Crucifères.
Eruca sativa L.
Psychine stylosa Desf.
Cordylocarpus muricatus Desf.

Cistinées.
Cistus heterophyllus Desf.
Helianthemum fumana DC.

Résédacées.
Reseda luteola L.
R. alba L.

Polygalacées.
Polygala nicæensis Risso.

Caryophyllées.
Silene rubella L.

Linacées.
Linum corymbiferum Desf.

Malvacées.
Malope malacoïdes L.
Lavatera hispida Desf.
L. trimestris L.

Légumineuses.
Genista biflora Lam.

Melilotus parviflora Desf.
Psoralea bituminosa L.
Lathyrus clymenum L.
Hedysarum capitatum Desf.

Rosacées.
Rosa sempervirens L.

Granatées.
Punica granatum L.

Lythrariées.
Lythrum flexuosum Lag.

Tamariscinées.
Tamarix gallica L.
T.   africana L.

Ombellifères.
Thapsia garganica L.
Sium siculum L.
Ferula communis L.
Eryngium triquetrum Desf.

Caprifoliacées.
Lonicera implexa Ait.

Valérianacées.
Centranthus ruber DC.

Composées.
Inula odora L.
Asteriscus maritimus Mœnch.
Calendula officinalis L.
Echinops Bovei Boiss.
Carduus giganteus Desf.
Scolymus hispanicus L.
Catananche lutea L.
Cichorium intybus L.

Galactites tomentosa Mœnch.

Campanulacées.
Campanula rapunculus L.

Primulacées.
Anagallis platyphylla Baudo.
A.   linifolia L.

Apocynées.
Nerium oleander L.

Convolvulacées.
Convolvulus althæoides L.
C.   tricolor L.

Borraginées.
Echium pomponium Boiss.
E.   italicum L.
Anchusa italica L.

Scrophulariées.
Celsia cretica L.

Labiees.
Lavandula stæchas L.
Salvia bicolor Desf.
Prasium majus L.

Acanthacées.
Acanthus mollis L.

Globulariées.
Globularia alypum L.

Thyméléacées.
Daphne gnidium L.

Liliacées.
Ornithogalum narbonense L.
O.   umbellatum L.

Iridées.
Gladiolus communis L.
Aroïdées.
Arum italicum Mill.

Graminées.
Lygeum spartum L.
Arundo festucoides Desf.

9. — PLANTES RECUEILLIES A BLIDA

(M. Durando.)

Crucifères.
Matthiola parviflora Rob. Br.
Alyssum atlanticum Desf.
Arabis pubescens Poir.
A. albida Stev.
Crambe reniformis Desf.
Draba hispanica Bois.
Thlaspi obtusatum Pom.
Cistinées.
Helianthemum ciliatum Pers.
Linées.
Linum corymbiferum Desf.
Violacées.
Viola Munbyana Boiss. et R.
V. odorata L.
Caryophyllées.
Silene atlantica Coss.
S. mellifera Boiss. et R.
S. reticulata Desf.
S. pseudatocion Desf.
Rosacées.
Rosa pimpinellifolia L.
Rosa canina L.
Geum atlanticum Desf.
Alchemilla arvensis Scop.
Cerasus avium L.
Pyrus aria L.
Ilicinées.
Ilex aquifolium L.
Térébinthacées.
Pistacia terebinthus L.
Paronychiées.
Scleranthus polycarpus Desf.
Crassulacées.
Sedum cæruleum Vahl.
S. amplexicaule Desf.
Géraniacées.
Geranium atlanticum Boiss.
G. malvæflorum Boiss.
Acérinées.
Acer monspessulanum L.
Célastrinées.
Evonymus latifolius L.

Légumineuses.
Anthyllis vulneraria L.

Saxifragées.
Saxifraga atlantica Boiss. et R.
S. globulifera Desf.
S. spathulata Desf.

Ombellifères.
Chærophyllum temulum L.
Thapsia garganica L.
T. villosa L.
Scandix glaberrima Desf.
Smyrnium rotundifolium Mill.
Bupleurum spinosum Gouan.

Caprifoliacées.
Lonicera etrusca Santi.

Rubiacées.
Galium lucidum All.
G. ellipticum Willd.

Valérianacées.
Centranthus calcitrapa L.
Valeriana tuberosa L.

Composées.
Anthemis pedunculata Desf.
Conyza sordida L.
Doronicum pardalianches L.
Xeranthemum inapertum Desf.
Leontodon taraxacum L.
Hieracium pilosella L.
Seriola lævigata L.

Campanulacées.
Jasione perennis L.

Convolvulacées.
Convolvulus cantabricus L.

Borraginées.
Cynoglossum nebrodense Guss.

Scrophularinées.
Linaria heterophylla Desf.
L. reflexa L.

Labiées.
Teucrium pseudoscorodonia Desf.

Plumbaginées.
Armeria mauritanica Wallr.

Polygonées.
Rumex scutatus L.

Conifères.
Juniperus oxycedrus L.
Taxus baccata L.
Cedrus atlantica Man.

Cupulifères.
Quercus Mirbeckii Dur.

Liliacées.
Tulipa fragrans Munby.
Gagea mauritanica Dur.

Orchidées.
Orchis læta Steinh.
O. patens Desf.

Smilacées.
Ruscus aculeatus L.

Graminées.
Cynosurus elegans Desf.

Echinaria capitata Desf.
Festuca poa Kunth.

Fougères.

Cheilanthes odora Swartz.
Aspidium aculeatum Koch.
A. thelypteris Swartz.
Cystopteris fragilis Bernh.
Pteris lanceolata Desf.

10. — PLANTES OBSERVÉES A TÉNIET-EL-HAAD
(*M. Durando.*)

Renonculacées.

Glaucium corniculatum Curtis.

Crucifères.

Matthiola parviflora R. Brown.
Alyssum atlanticum Desf.
Arabis pubescens Poir.
A. albida Stév.
Draba hispanica Boiss.
Thlaspi perfoliatum L.
Biscutella auriculata L.
Lepidium acanthocladum Coss. et Dur.
Cordylocarpus muricatus Desf.
Psychine stylosa Desf.

Cistinées.

Helianthemum ciliatum Pers.
H. fumana DC.
H. origanifolium Lam.

Résédacées.

Reseda Durieuana Gay.

Violacées

Viola Munbyana Boiss. et R.

Caryophyllées.

Silene atlantica Coss.
S. lasiocalyx Soyer-W.
S. reticulata Desf.
S. pseudoatocion Desf.
S. rubella L.
S. rosulata Soyer-W.

Polygalacées.

Polygala nicæensis Risso.

Géraniacées.

Geranium atlanticum Boiss.

Légumineuses.

Astragalus glaux L.
A. falciformis Desf.
Hedysarum humile Desf.

Rosacées.

Geum atlanticum Desf.
Alchemilla arvensis Scop.
Rosa canina L.
Cerasus avium Mœnch.
Pyrus aria L.

Térébinthacées.

Pistacia atlantica Desf.

Paronychiées.
Herniaria permixta Guss.
Scleranthus polycarpus DC.

Crassulacées.
Sedum altissimum Poir.
S. cæruleum Vahl.
S. amplexicaule Desf.

Saxifragées.
Saxifraga atlantica Boiss. et R.
S. globulifera Desf.
S. spathulata Desf.

Ombellifères.
Turgenia latifolia Hoffm.
Chœrophyllum temulum L.
Thapsia garganica L.
T. villosa L.
Scandix glaberrima Desf.
Smyrnium rotundifolium L.

Caprifoliacées.
Lonicera etrusca Santi.

Rubiacées.
Galium lucidum All.

Valérianacées.
Centranthus calcitrapa Dufr.
Valeriana tuberosa L.

Composées.
Conyza sordida L.
Micropus bombycinus Lag.
Anthemis pyrethrum L.
A. pedunculata Desf.
Doronicum pardalianches L.
Echinops Bovei Boiss.
Xeranthemum inapertum DC.
Carduus macrocephalus Desf.
C. leptocladus Dur.
Picridium tingitanum Desf.
Catananche cærulea L.
C. lutea L.
Leontodon taraxacum L.
Hieracium pilosella L.
Seriola lævigata L.
Andryala tenuifolia DC.

Campanulacées.
Jasione perennis L.

Convolvulacées.
Convolvulus cantabricus L.

Borraginées.
Nonnea nigricans DC.
Cynoglossum nebrodense Guss.

Scrophulariées.
Linaria heterophylla Desf.
Euphrasia purpurea Desf.

Labiées.
Salvia argentea L.
S. bicolor Desf.
Cleonia lusitanica L.

Plombaginées.
Armeria mauritanica Wallr.

Polygonées.
Rumex scutatus L.

Cupulifères.
Quercus ballota Desf.
Q. Mirbeckii Dur.

Conifères.
Cedrus atlantica Manetti.
Callitris quadrivalvis Vent.
Pinus halepensis Mill.
Juniperus oxycedrus L.

Liliacées.
Tulipa Celsiana DC.
Fritillaria oranensis Pomel.
Scilla campanulata Ait.
S.   nutans Smith.
Allium Durandoi Jordan.

Amaryllidées.
Corbularia monophylla Dr.

Orchidées.
Orchis læta Steinh.
O.   patens Desf.

Graminées.
Cynosurus elegans Desf.
Echinaria capitata Desf.
Lygeum spartum L.

Isoétées.
Isoëtes velata A. Br.

11. — TRAVAUX ET MÉMOIRES PUBLIÉS PAR LA COMMISSION SCIENTIFIQUE DE L'ALGÉRIE

Exploration scientifique de l'Algérie pendant les années 1840, 1841, 1842, publiée par ordre du Gouvernement et avec le concours d'une commission académique.

Sciences physiques et naturelles

Histoire naturelle des mollusques, par DESHAYES. 1844-1848. 2 vol. gr. in-4, dont un de texte et un atlas de 150 pl. grav. et col. (Interrompu.)

Histoire naturelle des oiseaux, par LOCHE. 1847. 2 vol. gr. in-4, 13 pl. grav. et col.

Histoire naturelle des animaux articulés, par LUCAS. 1849. 4 vol. gr. in-4, dont 3 de texte et 1 de pl. grav. et col.

Histoire naturelle des reptiles et des poissons, par GUICHENOT. 1850. 1 vol. gr. in-4, 12 pl. grav. et col.

Histoire naturelle des mammifères, par LOCHE. 1867. 1 vol. gr. in-4, 7 pl. grav. et col.

Flore d'Algérie. Cryptogamie : 1re partie, par DURIEU DE MAISONNEUVE. 1846-1849. 1 vol. gr. in-4.

Phanérogamie : groupe des Glumacées, par COSSON et DURIEU DE MAISONNEUVE. 1854-1867, 1 vol. gr. in-4.

Atlas de la Flore d'Algérie, par DURIEU DE MAISONNEUVE. 1846-1849. 1 vol. gr. in-4 de 39 p. et 90 pl. grav. et col.

Géologie de l'Algérie, par Renou, accompagnée d'une Notice minéralogique sur le massif d'Alger, par Ravergie, et d'une Description des coquilles fossiles, par Deshayes. 1848. 1 vol. gr. in-4, 5 pl. grav. (Interrompu.)

Recherches de physique générale sur la Méditerranée, par Aimé. 1845-1846. 2 vol. gr. in-4, pl. grav.

Sciences médicales

De l'hygiène en Algérie, par Périer, suivi d'un mémoire sur la peste en Algérie, par Berbrugger. 1847. 2 vol. in-8

Sciences historiques et géographiques

Étude des routes suivies par les Arabes dans la partie méridionale de l'Algérie et de la régence de Tunis, par Carette. 1844, 1 vol. in-8, 1 carte.

Recherches sur la géographie et le commerce de l'Algérie méridionale, par Carette, suivies d'une Notice géographique sur une partie de l'Afrique septentrionale, par Renou. 1844. 1 vol. in-8, 3 cartes.

Mémoires historiques et géographiques sur l'Algérie, par Pellissier. 1844. 1 vol. in-8.

Histoire de l'Afrique de Mohammed-ben-Abi-el-Raïni-el-Kaïrouâni, traduite de l'arabe par Pellissier et Rémusat. 1845. 1 vol. in-8.

Description géographique de l'empire de Maroc, par Renou, suivie d'itinéraires et renseignements sur le pays de Sous et autres parties méridionales du Maroc, recueillis par Berbrugger. 1846, 1 vol. in-8, 1 carte.

Etudes sur la Kabylie proprement dite, par Carette. 1848, 2 vol. in-8, 1 carte.

Voyages dans le sud de l'Algérie et des états barbaresques de l'ouest et de l'est, par El-Aïachi et Moula-Ahmed, traduits sur deux manuscrits arabes de la bibliothèque d'Alger, par Berbrugger, suivis d'itinéraires et renseignements fournis par Sid-Ahmed-Oulid-Bou-Merrag, et du voyage par terre de Taza à Tunis, par Fabre. 1846. 1 vol. in-8.

Recherches sur l'origine et les migrations des principales tribus de l'Afrique septentrionale et particulièrement de l'Algérie, par Carette. 1853. 1 vol. in-8.

Description de la régence de Tunis, par Pellissier. 1853. 1 vol. in-8. 1 carte.

Précis de jurisprudence musulmane, ou principes de législation musulmane civile et religieuse selon le rite malékite, par Khalil-Ibn-Ishak, traduit de l'arabe par Perron. 1848-1854. 6 vol. in-8, et 1 vol. de table.

Beaux-arts et archéologie

Beaux-Arts, architecture, sculpture, par Ravoisié. 1846-1849. 3 vol. in-fol. de texte et de planches grav. (Interrompu.)

Archéologie, par Delamare. 1850. 32 livr. gr. in-4 comprenant environ 200 pl. col. et n. (Interrompu.)

Inscriptions romaines de l'Algérie, par Léon Renier. 1855-1858. 1 vol. gr. in-4. (Interrompu.)

TABLE

Préface	5
I. — Les Rues	9
II. — Le Jardin du Hamma	34
III. — Les Monuments	51
IV. — Les Musées	81
V. — Les Intérieurs	109
VI. — Les Fêtes	122
VII. — Les Femmes	144
VIII. — Les Excursions	166
IX. — Epilogue	223
X. — Appendice	229

DIJON. IMP. DARANTIERE, RUE CHABOT-CHARNY, 65

www.ingramcontent.com/pod-product-compliance
Lightning Source LLC
Chambersburg PA
CBHW070638170426
43200CB00010B/2063